若谷 —— 编著

女人 交际全攻略

魅力女性修炼法则

成长必修课
精品课程
一起寻找幸福密码

智能数字人
聊聊姐妹私房话

贴心母亲

情商进阶营
女性指南
塑造更优秀的自己

幸福
听故事
提升情感处理能力

东华大学出版社
·上海·

图书在版编目（CIP）数据

女人交际全攻略 / 若谷编著. -- 上海：东华大学
出版社, 2024. 11. -- ISBN 978-7-5669-2471-1

Ⅰ. C912.15-49

中国国家版本馆CIP数据核字第2024LV1430号

责任编辑：高路路
装帧设计：张雨涵

女人交际全攻略

编著：若　谷
出版：东华大学出版社（上海市延安西路1882号，邮政编码：200051）
出版社网址：dhupress.dhu.edu.cn
天猫旗舰店：http://dhdx.tmall.com
营销中心：021-62193056　62373056　62379558
印刷：三河市龙大印装有限公司
开本：710mm×1000mm　1/16
印张：12
字数：215千字
版次：2024年11月第1版
印次：2024年11月第1次印刷
书号：ISBN 978-7-5669-2471-1
定价：39.80元

前言

为什么有些人总能在人群中光芒四射，而另一些人却总是被忽略？

为什么有些人在职场上步步高升，而有些人则一直原地踏步？

为什么有的人努力付出，却总是收获甚微？

这其中的关键，很大程度上在于交际能力。交际，不仅仅是你与人互动的方式，更是帮助你在生活中不断前进的一项重要技能。会不会处理人与人之间的关系，往往决定了你能走多远，能取得怎样的成就。

语言是桥梁，它连接着每一段关系。那些在交际中游刃有余的女人，懂得如何在合适的场合说合适的话，知道什么样的语气最能打动人心。无论是在亲密的家庭关系中，还是在职场中与同事的合作，甚至是在朋友间的相处中，她们都能恰到好处地表达自己，既不咄咄逼人，又能巧妙地传达出自己的意图。

也许你曾经历过这样的场合：你好心提建议，却让人误会；你满腔热情地发言，却使得场面冷清尴尬。这些并不是你能力不足，而是你还没有掌握如何将想法与语言协调得当。那些"说错话"的瞬间，常常会让一段本可以轻松的对话变得复杂，甚至让关系变得紧张。

事实上，善于交际的人并不总是那些特别"会说话"的人，而是懂得如何在不同场合中，把握对话的节奏与氛围的人。她们可以在适当的时候保持沉默，也可以在需要表达时，用言简意赅的方式表达自己的观点，不让话语成为压力，而是让其成为润滑剂。这样的人，往往能在人际关系中占据主动权，轻松赢得别人的认可与信任。

生活中的每一场对话，都是一次交际的机会。你可以通过这些交流，让自己在别人眼中变得更加可靠、有趣、有吸引力。语言不仅仅是传递信息的工具，它还能帮你打开更多的社交大门。

如果你在职场中想要脱颖而出，学会沟通是至关重要的一步。老板和同事会通过你的话语感知你是否值得信赖，是否具备解决问题的能力。而在个人生活中，学会表达自己的感受和需求，也能让你与家人、伴侣、朋友相处得更加融洽。

本书正是为那些希望在交际中掌握更多主动权的女人而写。它不会教你如何"讨好"别人，而是帮助你在任何情境下，能从容不迫、得体自如地表达自己。你将学到如何通过言语与行动，让别人感到舒适，同时也能清晰地传达你的想法。

交际不仅是为了获得他人的认可，更是为了拓展自己的生活圈子，提升自己的生活品质。通过不断学习与实践，你会发现，原来你只需要一些微小的改变，就可以让自己在人生的每个舞台上更加出彩。

目录

第五章 见微知著，做交际场上的有心人

第六章 职场女人，能力之外，多用点心思和心机

♥ 第七章

遵守交际规则，不要触碰人际交往的禁忌

Women's Social Strategy

Women's Social Strategy

第一章

一颦一笑，皆是女人交际的优势

温柔的眼神，甜美的微笑，无不传递着友善与亲近，这便是女人交际的优势，这种优势能让每一次交流都充满温馨与和谐。

这世间所有的人际相吸，都始于颜值

　　曾有心理学家做过实验，同一个人，不同的打扮，得到的待遇却天差地别。当她衣衫褴褛时，路人的目光充满厌恶和疏远；而当她衣着光鲜时，收获的却是赞赏和亲近。这不由让人深思，外表的影响力竟如此之大。

　　俗话说得好，"人要衣装，佛要金装"，形象就如同一张无形的介绍信，在初次见面时便最先被展示。虽说"形象决定命运"有些偏颇，但其中不乏道理，对美的追求与欣赏，是天生的本能。

　　在日常生活中，人们似乎总是不由自主地被美好的事物所吸引。漫步在风景秀丽的公园中，人们自然心情舒畅；而面对荒凉之地，则唯恐避之不及。人际交往同样如此，那些外貌出众的人，似乎总能更轻易地获得他人的青睐，他们的社交圈子也往往更为广阔。

　　在职场上，外貌有时甚至能成为一种隐形的优势。在公关行业里，那些外貌出众的人才，即便才华与他人相当，也往往更容易崭露头角。这并不是说才华不重要，而是在相同条件下，良好的形象往往能为你增添不少分数。

李婉晴从小就受到祖母的熏陶，对传统文化有着浓厚的兴趣。加上她酷爱读书，自然而然地，她身上便散发出一种古典与现代交融的气质。

大学毕业后，她顺利进入了一家外资企业工作。在公司年会上，她打扮得既得体又充满活力，举止大方，言谈风趣，很快就成为聚会的焦点。她轻松地与同事们交流，无论是闲聊还是讨论工作，她都能游刃有余，让周围的人对她刮目相看。

年会结束后，李婉晴的邮箱里收到了许多邮件，有工作相关的，也有同事们私下的交流。其中，有一封邮件引起了她的注意，那是张子墨发来的。他用简洁明了的语言介绍了自己，还附上了一段自己朗诵诗歌的录音。录音里，他的声音温暖而富有感染力，最后他还加了一句："李婉晴，我被你的气质所吸引，希望我们能有机会一起工作，共同进步。"

李婉晴觉得这份邀请很有诚意，便回复了他。在随后的交流中，张子墨展现出了他的才华和幽默感。无论是聊工作还是日常琐事，他总能用有趣的话语让李婉晴感到轻松愉快。而且，他的真诚和热情也让李婉晴对他产生了好感。

随着时间的推移，李婉晴和张子墨的关系也逐渐升温。有人问张子墨为什么会喜欢李婉晴，他总是笑着说："她给人的感觉很舒服，就像一幅画一样。她不仅外表迷人，更有一种内在的魅力。"

每个女人都有自己独特的魅力，无论是外表还是内在。你不需要过分修饰自己，只要做好自己、保持自信和真诚，就能在日常生活中赢得他人的尊重和喜爱。毕竟真正打动人心的往往是那些简单而真实的美好。

科学研究显示人类的大脑在短短几秒钟内就会对一个人的外貌进行评价并迅速形成初步印象。这种快速的视觉判断可以让你在复杂的社会关系中迅速找到定位并适应环境。

当然外貌并不等同于长相，而是整体的外在表现，包括穿着、气质甚至言谈举止。一个女人是否注重自己的外表往往反映了她对他人的尊重和对生活的态度。

女人的美不是那种一眼就能看透的杂志封面，而是一种从日常生活的点点滴滴中渗透出来的气质。一个女人可能没有那种让人一眼就难忘的容颜，但她对自己形象的关注和对生活的态度却是她魅力的重要组成部分。

身边还有一些性格直爽不拘小节的人，但她们对自己的形象却从不放松。因为，她们明白外在的精致是内在品质的反映，是对生活品质的一种追求。她们相信"你若盛开清风自来"不是坐等机会的到来，而是一种积极的生活态度。

女人在追求成功的道路上不必去卑微地乞求他人的认可而应该通过自我提升自然而然地散发出吸引力。这种吸引力来自对自己的了解和信任，来自不断学习和成长的过程。当你开始关注自己的外在和内在时，你会发现你的魅力会像花朵一样绽放吸引着周围的人和机遇。

打理形象并不是简单的穿衣打扮而是一种生活的艺术。它需要你了解自己，找到适合自己的风格然后用心去维护。这包括了保持健康的生活习惯、关注日常的护理、选择能够展现自己特点的服装以及不断学习新知识提升自己的内涵。同时，保持一个积极的心态，对生活充满热情，这样的态度会让你更加迷人。

当你开始这样做时，你会发现你的形象就像你的名片一样无声地向世界宣告你的个性和品位。而这个世界也会因为你的自信和美丽回报给你更多的善意和机会。所以，从今天开始用心打理自己的形象让生活因你而更加精彩吧！

交际攻略

学会用心打理自己的外在，同时不断提升内在的修为，才能在这个纷繁复杂的世界中，既吸引他人，又留住他人。这世间所有的人际相吸，始于颜值，成于内心。

利用好自己的形象，
就是最强大的吸引

你有没有想过：

为什么有些人一走进房间，就能吸引所有人的目光？

为什么有的面孔，即使在人群中，也能让人一眼认出？

为什么某些人的话语，即使轻柔，却能让人驻足聆听？

这一切，其实都始于一个看似简单，却深藏玄机的问题——形象。你每天都在和各种人打交道，但是否意识到，在你还没开口说话之前，形象就已经在无声中和他们打了个招呼？

人们在第一次见面的几秒钟里，就会给对方贴上一个标签。这个标签可能会决定你们之后的相处模式。一个恰当得体的形象，就像是一把钥匙，能迅速打开人与人之间的隔阂，让人们更愿意走近你，了解你。

这不仅仅是关于你的衣着打扮，更是关于你的气质、举止和那一抹微笑。当然，管理形象不是什么表演，不需要过分地展示自己的外表，但至少得让人感觉到，你是一个有故事的人，而不是一张空白的纸。

王琳就职于一家科技公司，以最快的速度升职到了高级经理，她总是一身笔挺的职业装，搭配得体的妆容，走路带风，说话带笑，举手投足间都透着一股子自信和专业。新来的员工们私下里议论，说她就像电视剧里走出来的女强人，让人既羡慕又敬畏。

但王琳的今天，可不是一蹴而就的。记得她刚进公司那会儿，还是个穿着随便的市场专员。她总以为，只要活干得漂亮，别的都不重要。直到那次产品发布会，给了她深刻的一课。

那天，王琳忙得焦头烂额，突然被告知要上台发言。她心想，不就是说几句吗，没多大事。结果，她就这么穿着平时的休闲装，头发随意一抓，就大大咧咧地走上了台。

台下的观众窃窃私语，显然对她的形象有些失望。发布会结束后，一位上司拍了拍她的肩膀，语重心长地说："王琳，你的能力我们都不怀疑，但今天这身打扮，实在有点说不过去。你站在那儿，别人看到的不是一个高端产品的推广者，而是一个急匆匆的路人。"

这话像一记警钟，敲醒了王琳。她开始认真对待自己的形象，学习如何打扮，如何让自己看起来更专业，更有魅力。她的变化，大家都看在眼里。同事们开始主动接近她，客户也更愿意听她的建议。

时间一天天过去，王琳的形象越来越好，她的事业也蒸蒸日上。但真正让她在公司里声名鹊起的，还是那次危机。

公司的一个重大客户突然撤资，整个公司都陷入了混乱。在紧急会议上，大家都在争论不休，气氛紧张。这时，王琳站了起来，她的声音平静而坚定："各位，我知道现在情况紧急，但我们不能乱了阵脚。我认为，我们应该把精力放在开发新市场上，而不是纠结于一个已经失去的客户。"

她的话像一股清流，让所有人都冷静了下来。董事会对她的决策给予了高度评价，认为她不仅有出色的形象，更有冷静的头脑和坚定的决心。

形象这东西，可不是虚的，它就像是你走向世界的敲门砖，直接影响着别人对你的第一印象，甚至关系到你的职业发展。

一个好的形象，就像一张精心设计的名片，能让你在人群中脱颖而出，但更深层次的是，它背后的那种力量——那种冷静、坚定、敢于担当的力量，它能让你在职场上走得更远，站得更高。

打理形象说复杂也复杂，但说简单也简单。就像打理一辆爱车，你得知道它需要什么，怎么维护才能让它跑得更顺。首先，得认识自己，就像了解你的车是适合越野还是城市驾驶，找到最适合自己的风格，这样才能在人群中脱颖而出。

而且还要随着你的生活变化而调整，就像换季换衣服一样自然。保持开放的心态，不断尝试，直到找到那个最舒服、最自在的自己。这不仅仅是外在的打扮，更是你与人交往时的一举一动，你的专业态度，你的热情展现，这些都构成了你的个人品牌。

自信这东西，就像汽车的引擎，一旦点燃，就能推动你向前。当你对自己的外表和内在都感到满意时，那种自信就会自然而然地流露出来。

自信不是天上掉下来的，它来自你对自己的了解和不断地自我提升。学习新知识、提升技能、参与各种活动，这些都是给自信加油的方式。

形象还和你的生活方式紧密相连。健康的生活方式，就像定期给车做保养，能让你看起来更有活力，感觉更好。规律的作息、均衡的饮食、适量的运动，这些都是保持良好形象的基础。当你的身体和心灵都处于最佳状态时，你的形象自然也会更加光彩照人。

形象管理是一场持久战，需要你持续不断地投入时间和精力，就像植物需要持续地照料一样，你的形象也需要你不断地关注和维护。在这个过程中，你会遇到挑战，也会收获成长。当你开始用心打理自己的形象时，你会发现，这不仅仅是为了取悦他人，更是为了让自己更加快乐和满足。

因此，打理好自己的形象，就是一场关于自我发现、自我提升和自我表达的旅程。它不是简单的穿衣打扮，而是一种展现自己独特魅力的方式，一种生活的艺术。当你开始用心经营自己的形象，你会发现，这个世界也会以更加美好的姿态回应你。

交际攻略

形象管理并非浮于表面，它关乎一个人如何自我定位，如何与世界沟通。一个懂得塑造和维护自己形象的人，必将拥有更强大的吸引力，能够在复杂多变的世界中脱颖而出。

风情本就有万种，
你定会是其中之一

女人，就像是这个世界上的一道独特风景，无论走到哪里，总能带来一种清新脱俗的感受。她们的美，多种多样，有的活泼可爱，有的温婉大方，有的性感迷人，有的气质超群……女人的美，不仅局限于外表，更是一种从内而外散发的韵味。

不管是哪种风格，哪种气质，每个人都有自己的独特之处，都有自己的闪光点。就像不同的菜肴，有的辣，有的甜，有的酸，有的咸，但每一种都有人爱。

因此，别担心自己不是最亮眼的那一个，重要的是找到自己的特色，做最真实的自己。就像花园里的花朵，有的娇艳，有的素雅，有的香气扑鼻，有的默默无闻，但每一朵都有它存在的意义。

不要总是羡慕别人，每个人的生活都有各自的精彩。你的风情，你的魅力，你的价值，不需要别人来定义。只要你自信、乐观、勇敢地做自己，那你就是这个世界上独一无二的存在。

艾米总是一身休闲装扮，脸上不施粉黛，露着纯真的笑容。尽管同事们都欣赏她的直率和活力，但在他们眼中，艾米更像是一个无话不谈的好朋友，而非那个让人心动的"她"。

"哪有男朋友，认识我的男的都跟我处成了哥们儿！"艾米心中有些失落。她知道自己在社交圈里很受欢迎，但总感觉自己像是被归错了类别，总是停留在"朋友区"，无法向前迈出那一步。

一年一度的编辑社年会即将到来，艾米决定要在这个夜晚，让自己的风情万种绽放。她找到了一位经验丰富的师姐，希望能得到一些建议，如何在年会上展现出不同于以往的自己。

师姐给了她一个简单却深刻的建议："找到一件能让你感觉自信的衣服，它不需要太繁复，简单大方就好。"艾米选择了一件小黑裙，它简洁而优雅，完美衬托出她的身材。

年会那天，艾米在更衣室里穿上了那件小黑裙，站在镜子前，她发现自己像是变了个人。当她走进宴会厅，同事们的目光不由自主地被她吸引。艾米不再是那个总是躲在角落里的小女孩，而是成为众人瞩目的焦点。

师姐走过来，打量着艾米，微笑着说："看，你本来就有万种风情，只是以前没展现出来。"艾米微笑着回应，内心充满了自信和骄傲。

那晚，艾米的小黑裙成了她的标志。它不仅衬托出她的身材，更彰显了她的气质。艾米在舞池中轻盈地舞动，男士们纷纷邀请她跳舞，女士们则在一旁窃窃私语，讨论着她的转变。

年会结束后，艾米不仅得到了新的工作机会，更收获了同事们对她全新的认识。更重要的是，她遇到了一个懂得欣赏她的人，一个能够看到她内在光芒的人。

每个人都有自己独特的魅力，有时候，只需要一点改变，就能让这魅力大放异彩。不要害怕展现真实的自己，因为真正的风情万种，就藏在你的自信和勇敢之中。

在那些青春洋溢的岁月里，简单自然就是最美的装扮。校服、运动装、休闲服，这些都能衬托出你的青春活力。至于化妆，可以稍作点缀，不必浓妆艳抹，保持那份清新自然。

但当你步入职场，你的形象就代表着一个成熟女性的身份。在社交场合中，你的女性魅力可以成为吸引他人的一大亮点。中性风也很美，但一个充满女性魅力的人，往往更容易融入社交圈。

因此，认识自己，找到适合自己的风格至关重要。如果你是曲线玲珑的女生，不妨通过一些巧妙的设计来展现你的优势。比如，选择 V 领或敞领的上衣，可以突出你的胸部曲线，但又不会显得过于臃肿。

如果是正式场合，一件简单的白色衬衫，只需解开领口的第一颗扣子，就能展现出知性与高贵并存的魅力。虽然曲线美很吸引人，但也要掌握好分寸，避免给人轻浮的印象。

如果你拥有运动型的身材，腰部线条是你的一大亮点。可以选择吊带或露腰的上衣，展现你的活力与青春。但同时，也要注意保持整体的平衡，让腰部成为焦点，而不是全部。

对于那些腿部线条优美的女生来说，你的双腿就是一种致命的诱惑。

不必吝啬展示你的美，穿上短裙、短裤，再配上一双露脚背的高跟鞋，让你的腿部线条更加修长迷人。

　　每个女孩都有自己的优点和不足，关键是要正视它们，找到适合自己的风格。风情万种，并不是遥不可及，只要你愿意去探索，去尝试，你也能找到属于自己的那一种风情。

　　美，从不单一；你，也总有你的独特之处。

交际攻略

　　不要被固有的标签限制，勇敢地去尝试，去改变。当你散发出自信和魅力时，你会发现，你也能成为这个世界上的一道亮丽风景。

女人有味，
三分漂亮可增加到七分

维克多·雨果曾说："外貌是短暂的，只有内在的美才能持久。"

外表的美或许能吸引人一时，但能让人久久难忘的，是那颗丰富而深邃的心。一个有内在修养的女人，她的思考深邃，生活有品位，同情心和智慧自然流露，她的每一个动作，每一次微笑，都显得那么迷人。

每个有味道的女人，都有自己独特的风格。这种风格，不是盲目追随潮流，而是根据自己的个性和喜好精心挑选。她们知道，"风格永存，潮流易逝。"她们的穿着打扮，她们的言谈举止，都彰显着这种独特性，让她们在人群中独树一帜。

著名作家司汤达说："一个庸俗的女人，就像鲜花失去了香味一样可怜、可悲。脱俗应该是每个生为女人的人毕生的追求！"可见，女孩可以不美丽，但是不能庸俗、俗气，俗气的女孩不管从衣着、打扮、气质上都不得体、优雅。

雅晴，33 岁的都市白领，结婚快十年，有个调皮捣蛋的儿子。她的生活，既不是单调的家庭主妇日常，也不是只有工作的工作狂状态，而是家庭和事业两手抓，两手都要硬。

尽管结婚多年，雅晴和丈夫之间的感情还是像初恋一样甜。这让周围的人羡慕得不得了，甚至有点嫉妒。有人问雅晴，怎么做到的，她总是调皮地眨眨眼："你猜呢？"

雅晴的丈夫是个成功的企业家，身边美女如云，但他从不对其他女人动心。他常说："那些女人，要么只爱钱，要么太做作，要么只看重物质，跟雅晴一比，就差远了。雅晴就像一股清流，永远让我着迷。"

有一次，夫妻俩因为一点小事吵了起来。雅晴走到窗边，打开窗户，让凉爽的风吹进来。她转过身，对丈夫露出一个温暖的微笑，说："生活不就是这样嘛，有甜有苦，关键是我们怎么面对。"丈夫被她的智慧和从容打动，所有的不愉快都烟消云散。

雅晴在职场上也很出色。她工作认真，待人接物得体，从不把私事带到工作中。同事们都说："雅晴就像一朵静静绽放的百合，不争不抢，却总能吸引人。"

一天下班后，雅晴和同事小李一起走在路上。小李忍不住问："雅晴姐，你怎么总是这么有魅力？教教我吧。"雅晴笑了笑，说："其实，我觉得每个女人都有自己的美。重要的是找到适合自己的方式，展现自己的魅力。"

"那你怎么找到的呢？"小李好奇地问。

雅晴想了想，说："我觉得，首先要自信。相信自己是独一无二的。

然后，要有爱心，关心他人。最后，要有智慧，懂得生活。"

"智慧？"小李有点疑惑。

"对，智慧。"雅晴认真地说，"智慧让女人更有魅力。它能让我们在面对问题时，从容不迫，找到最好的解决办法。"

小李恍然大悟："原来如此。雅晴姐，你真是我的榜样。"

女人的魅力，不是简单的外表美丽，而是那份由内而外的气质和智慧。像雅晴，她的从容、智慧和善良，让她的生活充满了诗意和画意。

女人如花，但真正让女人绽放的，不是外在的装饰，而是内在的力量。一个女人，如果能够拥有从容的心态，智慧的头脑，善良的心，那么她的美，就能超越时间和空间的限制，成为永恒。

女人味，这可不是一夜之间就能养成的香气，它得慢慢熬，慢慢炖。就像煲汤，需要把握好火候，才能熬出那股醇厚的味道。一个真正有味道的女人，她知道生活不是一场赛跑，而是一步一个脚印的旅程。她能在平凡的日常里，发现那些小小的乐趣，能在复杂的人际网中，保持自己的本色。

她的魅力，不是一蹴而就的，而是岁月的沉淀和智慧的积累共同作用的结果。这样的魅力，就像老酒，越陈越香。

那么，怎样才能培养出这样的女人味呢？首先，得从心开始。要有一颗从容的心，不急不躁，面对生活的风风雨雨，都能保持一份淡定。其次，要不断学习，增长见识。智慧的女人，她的美是深邃的，不是浮于表面的。再次，就是要保持善良和真诚。善良的心灵，能让一个女人散发出温暖的光芒。

最后，别忘了生活的艺术。学会欣赏美，无论是自然之美，还是艺术之美。学会享受生活，无论是一顿精致的晚餐，还是一次悠闲的散步。这些都是培养女人味的重要途径。

女人味不是化妆品能画出来的，也不是衣服能装扮出来的。它是从内而外散发出来的一种气质，一种韵味。因此，从今天开始，在生活的点点滴滴中，慢慢培养出那份属于自己的女人味吧！

交际攻略

> 一个女人，如果能够拥有从容的心态，智慧的头脑，善良的心，那么她的美，就能超越时间和空间的限制，成为永恒。

有时候，颜值高，
也仅仅只是入场券而已

在这个看重外貌的社会里，颜值似乎成了一块敲门砖，刷刷社交媒体，看看电视剧，甚至在求职面试中，颜值好像都成了一张通行证。但生活的经验说明，颜值再高，也不过是一张入场券。

你身边有没有这样的人？他们也许貌不惊人，也许才不出众，却在无形中有着一股别样的魅力。那是因为欣赏一个人，往往始于颜值，敬于才华，合于性格，久于善良，终于人品。

确实，在某些情况下，外表能给人留下好的第一印象。就像你穿着得体，走进一个聚会，确实容易融入。但问题来了，你打算在聚会里待多久？当聚会真正热闹起来，能让你成为焦点的，可不是你的衣服，而是你的言谈举止、你的智慧和风度。

孔子在《论语》里说："里仁为美，择不处仁，焉得知？"意思是说，内在的美德才是美，没有内在的美德，哪来的智慧？一个人的魅力，不应该只是外表的光鲜，而是内在的品德、智慧和真诚。

颜值可能帮你敲开机会的大门，但要想在人生的赛场上走得更远，还得靠你的能力、才华和品格。就像比赛，入场券只是开始，真正决定成败的，是你的实力和智慧。颜值是外在的，而智慧、勤奋和毅力，才是推动你前进的内在力量。

你得承认颜值的作用，但不能被它迷惑。人生就像马拉松，起跑快不代表能第一个冲线。真正能带你走向成功的，是不断学习、提升自我和坚持信念。

颜值是个好的起点，但关键在于，你如何在这个起点上不断进步。别让颜值成为你的全部，要让你的内在修为，成为你高飞的翅膀。这样，你才能在这个世界上，看到更美的风景，走得更远。

小艾从小就长得很漂亮，她也习惯了大家的赞美和追捧，她甚至开始相信，自己的美貌就是赢得一切的法宝。

上学时，她凭着外貌成了焦点人物，无论是班级聚会还是社团活动，她总是人群的中心。她以为这样的光环会一直陪伴她，直到她参加了那个改变她人生的模特大赛。

那是一个全国性的大赛，小艾信心满满地报了名。她觉得自己的外貌就是最大的优势，肯定能轻松夺冠。初赛时，她果然凭借出众的外貌轻松晋级，还被评委们看好为夺冠热门。

但复赛的内容出乎小艾的预料。这次比赛不仅看外貌，更看重内在素质和综合能力。选手们要自己设计时装秀，从服装搭配到舞台布置，再到音乐选择，全都要自己搞定。

　　小艾慌了。她从来没做过这些，也不知道从哪儿开始。她发现自己过去太依赖外貌，忽略了很多更重要的能力。看到其他选手熟练地准备，她感到了前所未有的压力。

　　比赛当天，小艾的时装秀显得有些混乱。模特的步伐不整齐，音乐和服装也不搭。评委的评价很一般，这让小艾很失落。她意识到，自己的外貌并没有带来预期的效果。

　　比赛后，小艾一个人走在回家的路上，感到格外孤单。她开始反思，意识到美貌只是人生的一部分，不是全部。她回忆起过去的赞美，发现那些光环并没有给她真正的力量。

　　几天后，小艾去拜访了一位老朋友，她曾是知名模特，却在巅峰时退出，去做公益。小艾问她："你不觉得可惜吗？放弃了那么多荣耀。"朋友笑着说："外貌的光环很短暂，真正让你站稳脚跟的，是你内心的力量。"

　　这句话深深触动了小艾。她开始学习新知识，报了时尚设计课程，参加沟通和领导力培训。她发现自己内心有另一种美，那是智慧和毅力带来的自信和力量。

　　几年后，小艾再次参加时尚大赛。这次，她不仅靠外貌，更靠自己的能力赢得了认可。她策划的时装秀主题鲜明，风格独特，赢得了冠军。

　　要想在人生的道路上走得更远，真正靠得住的，还是你内在的力量。世界就像一个巨大的舞台，上面有无数的灯光和掌声，但只有那些内心强大、智慧和毅力并存的人，才能在聚光灯下持久地发光发热。

　　在日常生活和工作中培养和提升内在的力量，其实是一个渐进的过程，它需要你在生活的点点滴滴中去实践和体验。

　　女人一定要培养好奇心和学习的热情，比如，当你在工作中遇到不懂的问题，不要急于求助，先自己尝试去查找资料，学习新知识；而且，要勇于面对挑战和困难，比如，接手一个新项目，可能会遇到很多未知的难题，这时候，应该积极寻找解决方案。

　　最后，要学会自我反思和自我提升，每天花点时间回顾一下自己的行为和决策，思考哪些做得好，哪些需要改进。比如，晚上躺在床上，想想今天和同事的沟通是否顺畅，有没有更好的表达方式。

交际攻略

　　颜值可能是你给人的第一印象，或许能帮你赢得最初的关注，但别忘了，它只是一张入场券，在生活的长跑中，真正让你持续前进的，是你头脑中的内在力量——智慧！

学会优雅，
别人才会为你逗留

女人的魅力，可不是一眼就能看穿的杂志封面，而是那些不经意间的小动作里透露出的风采。无论是静静地坐着，还是活力四射地舞动，她们的每一个细微之处都能让人感受到春天的温暖。

这就是女性的优雅，它就像那壶慢火细炖的汤，时间越长，味道越醇厚，让人忍不住想多闻几下。优雅不是表面的装扮，而是一种从内而外散发的气质，让人感觉就像躺在柔软的云朵上一样自在。

优雅不是一蹴而就的，而是需要在生活中慢慢打磨的。当你开始用心经营自己的每一个细节，你会发现，你的生活也会因此变得更加精彩。优雅是一种力量，它能让你在这个世界上更加自信地绽放。

林悠然三十岁了，随着年龄的增加，她反而显得越来越漂亮。

她爱阅读，每当有空闲，就会为自己泡上一杯香浓的咖啡，坐在窗边，享受着阳光的洗礼，沉浸在书的世界里。她的书架上琳琅满目，从古典文学到现代哲学，每一本书都记录着她的思考和感悟。读书时，她总是那么专注，偶尔嘴角露出微笑，似乎在和书中的智者对话。

在与人交流时，林悠然总是显得格外从容。她的声音温柔而有磁性，无论是讨论深奥的话题还是聊些日常琐事，她总能用一种温婉而亲切的方式表达自己的观点。遇到别人失态或夸张，她总是淡然一笑，那份从容和包容让人感到舒适。

"你总是这么淡定，是怎么做到的？"一次朋友问她。

林悠然轻轻一笑，回答说："其实，我只是习惯了在任何情况下都保持内心的平和。"

她还热爱运动，特别是瑜伽。每天清晨，当第一缕阳光照进房间，她就开始了自己的瑜伽练习。她的动作流畅而充满韵律，每一次呼吸都与动作完美地融合，仿佛在用身体诉说着生命的和谐。

除了阅读和运动，林悠然还喜欢培养自己的艺术情趣。画画、弹琴、写作，她总是能在这些艺术形式中找到乐趣。她关注生活中的美好瞬间，夕阳、雨后的空气，都能激发她的创作灵感。

"悠然，你的画真是太美了，你怎么总能发现生活中的美？"一次，她的朋友看着她的画作赞叹道。

林悠然笑着说："生活从不缺少美，只是缺少发现美的眼睛。"

正是这份从内而外的优雅和从容，让林悠然在人群中独树一帜。她不仅赢得了周围人的欣赏和尊重，还遇到了那个与她心灵相通的伴侣。他们的相遇如同命中注定，两颗真诚而优雅的心在不经意间擦出了爱的火花。

如今，林悠然拥有了一个幸福的爱情和美满的婚姻，她的生活就像一首优美的诗，充满了温馨和甜蜜。

优雅不是表面的形式，而是内在的修养。它是一种从内而外散发出来的感觉，一种气质。当你能够静如处子，动如春风，用真心去展现自己内心的美，那你自然就会拥有那种让人着迷的气质。

比如，当你在餐厅里，看到一个女孩静静地坐着，她的举止优雅，言谈温和，你会不会也觉得她很美？或者当你看到另一个女孩在公园里活泼地玩耍，她的笑声感染了周围的人，你会不会也觉得她很有魅力？

优雅不是一朝一夕就能学会的，它需要你在日常生活中不断修炼。比如，当你说话时，试着放慢语速，清晰地表达自己的想法；当你走路时，保持身体挺直，步伐稳健；当你在公共场合，注意自己的行为，不要大声喧哗或打扰他人。

优雅是一种生活态度，它体现在每一个小动作，每一句话语中。当你开始注意这些细节，你会发现，你的生活会变得更加丰富和有趣，你也会变得更加自信和迷人。

交际攻略

女孩们，不要只注重外表的打扮，更要注重内在的修养。当你拥有了优雅的气质和丰富的内涵，无论走到哪里，你都会成为人群中最耀眼的那一个。

微信扫码
1 AI贴心闺蜜
2 成长必修课
3 情商进阶营
4 幸福研讨室

Women's
Social Strategy

第二章

向内而生，好品格最为俘获人心

温柔、善良、真诚，这些美好品质如同磁石，吸引着他人的敬爱与信赖。好品格是人生最宝贵的财富，它让内心充满力量，也让周围的世界因你而更加美好。

漂亮，又善良，
最为吸引人

　　"颜值即正义"这个说法，听起来就像是超市大减价的海报，吸引人但不一定长久。长得好看确实能让人眼前一亮，但这颜值就像货架上的新鲜水果，看着诱人，但放久了也会失去光彩。

　　真正让人印象深刻的美，是那种骨子里透出来的善良，它像是永不褪色的经典款，越穿越有味道。善良的人，他们就像是生活中的暖宝宝，总能在别人需要的时候送上温暖。他们懂得站在别人的角度思考问题，用一颗宽容的心去理解世界。

　　这种美丽，虽然没有实体，却能在人们心中留下持久的光芒，像是冬日里的一缕阳光，温暖而明媚。当善良和外在的美丽结合在一起，那就像是宇宙中最亮的星星，不仅照亮了夜空，也照亮了人心。

　　外表的美丽可能让人一见钟情，但善良的美却能让人日久生情。它触动的不仅是你的眼睛，更是你的心灵。

如果你想成为一个由内而外都散发着魅力的人，那就从今天开始，用善良去装饰自己的心灵吧。你会发现，随着时间的推移，你的内心会越来越丰富，你的人生也会因此变得更加精彩。毕竟，真正的美，是岁月无法带走的。

一位富翁有一个女儿，长得非常漂亮，用花容月貌来形容都不为过。然而，因为从小就娇生惯养，这个女孩骄纵蛮横，看不起他人，甚至还刁难他人。但是，富翁却不以为然，时常向人们夸耀女儿的美丽。

每当有酒会，他都带着女儿出席，然后向别人夸耀："你看，我的女儿是不是美若天仙？"若是众人一致赞叹，他便高兴无比。

但事实上，众人也只是虚假地应承而已。看着她高傲地摆出姿态，贬低和嘲讽他人，刁难和欺负服务生，人们都不自觉地皱眉。

某一天，一位年轻有为的企业家举办酒会，富翁又带着女儿参加，并有意撮合两人。他找机会向企业家介绍女儿，并说："你看我的女儿美吗？"

企业家微笑着摇头："不！"

富翁有些震惊，问道："人人都说我的女儿美若天仙，你为什么觉得她不美？"

企业家说："因为我看的不是面容，而是心灵。一个外表貌似天仙的女孩，却总是蛮横无理、口出恶言、欺辱他人，我能说她美吗？当然不能。"

听了这话，富翁和女儿羞愧得无地自容，灰溜溜地离开了，之后再也没有在酒会上露过面。

萧伯纳曾经说过："善良与品德兼备，就像宝石镶嵌在金属上，相互映衬，更加璀璨。"这话说得妙，善良不仅是女性魅力的加分项，更是人际交往的黄金法则。

人与人之间的相处，就像是照镜子，你怎么对别人，别人也会怎么对你。你若心怀善意，别人也会以善意回应。这种回报可能不会立刻显现，但总有一天，它会以你意想不到的方式出现。

善良就像是你内心的一盏灯，它不仅能照亮自己，也能温暖他人。善意的言行，不仅能够让内心得到滋养，还能拉近人与人之间的距离，让关系更加和谐。就像那个总是在社区里帮忙的邻居，或是那个在公交车上给老人让座的陌生人，他们的小小善举，都能让周围的人感到温暖。

保持善良，并不意味着要放弃所有防备。真正的善良，是有智慧的善良。它不是盲目地给予，而是在保护自己的同时，也能给予他人帮助。就像那个在公园里喂鸽子的女孩，她知道如何与动物和谐相处，同时也保护了自己不被鸽子啄伤。

与人为善，并不总是需要做大事。有时候，一个小小的微笑，一句贴心的问候，就足以传递善意。比如，你在咖啡店对服务员说声"谢谢"，或是在电梯里对邻居点头微笑，这些都是善良的表现。

聪明的女人懂得，善良不是无原则的妥协。她们知道如何在保持善良的同时，也保护自己不被利用。她们的善良，是建立在自我尊重和自我保护的基础上的。就像那个在职场上坚持原则的女强人，她知道如何用善良和智慧去解决问题，而不是一味地退让。

总之，善良是你与世界沟通的桥梁，它让生活更加美好。但记住，善良也需要智慧和勇气的加持，这样才能在给予的同时，也保护自己。愿你成为那种既能温暖他人，也能保护自己的聪明人。

交际攻略

真正能够触动人心、让人久久不忘的，不是容颜的美丽，而是那颗善良的心灵。这样的美，不仅吸引人，更能温暖人心，成为一种无形的力量，影响着周围的一切。

越温柔的女人，
越散发出气场

"最是那一低头的温柔，像一朵水莲花不胜凉风的娇羞……"这首诗的朦胧之美，将女人的温柔展现得淋漓尽致。

温柔是女孩独有的魅力，它不是表面的柔情，而是从内心深处自然流露的一种力量，就像月光下淡淡的花香，让人沉醉，让人回味。

当然，温柔并不是柔弱，她们的温柔中藏着坚韧和勇敢，她们说话轻声细语，但每一句话都充满力量，她们性格温顺，但内心却有着坚定的信念和善良的本性。

比如，当你遇到困难，心情低落时，一个温柔的女孩走到你身边，轻声安慰你，给你鼓励，你会不会感到一股温暖的力量？当你疲惫时，她的一个微笑，一句问候，是不是也能让你感到舒心和放松？

温柔的女孩有一种特殊的气场，她们不会轻易发火，不会无理取闹，总是能让人感到安心，感到愉悦。

左文雅是个温婉的女孩，她的善良和细心让每个接触过她的人都感到如沐春风。在公司里，她总是那个乐于助人、体贴入微的存在。

一天，有位朋友来公司找左文雅的同事。左文雅一见到，就热情地打招呼："你好呀，欢迎光临，需要喝点什么吗？"她一边倒茶，一边拿出零食，还找话题和人家聊天，让对方感到宾至如归。

朋友走后，对左文雅赞不绝口："她真是个贴心的女孩，让人感觉特别温暖。"

在同事间，左文雅也是出了名的好相处。她总能敏锐地察觉到别人需要帮助的时刻。一次，一个同事遇到了难题，左文雅立刻伸出援手："怎么了？需要帮忙吗？"帮完忙后，她总是微笑着接受感谢，从不炫耀。

有时同事有急事，也会找左文雅帮忙："左文雅，我有点急事，这份文件能帮我送到财务部吗？"左文雅总是毫不犹豫地接过来："没问题，放心吧，路上小心哦。"

左文雅的温柔让她在公司里备受欢迎，大家都把她当作小妹妹般疼爱。但她并不是软弱的人，她内心有着自己的骄傲和坚持。

有一天，公司来了个自傲的女孩，看她温柔，就想欺负她。一次，那个女孩报表出错，却想把责任推给左文雅。同事们都很气愤，想要为她出头，但左文雅却拦住了他们："别急，我们去和老板说清楚。"

在老板面前，左文雅没有激动，她用平静而坚定的语气说明了事情的经过："老板，这份报表的问题是这样的……责任并不在我。"她有条不紊地分析问题，让那个女孩无话可说。

最后，左文雅认真地说："如果是我的错，我不会逃避。但如果不是，我也不会背黑锅。你可能认为我温柔，就容易被欺负，但事实并非如此。我不会让自己被欺负。"

这件事后，大家都对左文雅有了新的认识。她的温柔并不是软弱，而是一种力量，一种能够化解矛盾、解决问题的力量。左文雅用她的行动告诉大家，温柔和坚韧并不矛盾，它们可以共同存在于一个人身上，让她在面对挑战时更加从容不迫。

温柔是一种生活的艺术，一种在细节中展现的力量。它在我们对待人和事的态度上，显得尤为真切。比如，工作时，同事不小心出了点差错，你的指责是没有用的，不如干脆温柔地说："没事，咱们一起看看怎么解决，下次就能做得更好。"

再比如，在压力面前保持冷静是为人处世最大的挑战，面对紧张的截止时间、繁重的工作、繁杂的人际关系，深呼吸，告诉自己："一步步来，我能够处理好。"

当家人疲惫或情绪低落时，一个温暖的拥抱，一句"辛苦了，我们一起加油，一切都会变好的"，这样的理解和支持，能够加深家庭成员之间的情感联系。同时，温柔也体现在对待自己的方式上。在一天的忙碌后，给自己一些温柔的关怀：泡个热水澡，读一本好书，或者听一段轻松的音乐。

温柔，就像一股潜流，虽不张扬，却能滋润心田，让世界更加温暖而美好。女孩们，不要小看了温柔的力量。

温柔的力量是通过言语、行为和态度，在日常生活中的点滴中体现出来的。它帮助你建立更好的人际关系，让生活更加和谐、平静。通过实践温柔，你能更好地面对生活中的挑战，享受生活的美好。

交际攻略

温柔的女孩，她们的言语温和，行为体贴，但并不意味着她们缺乏主见或力量。相反，她们的温柔中蕴含着坚定和自信，能在不经意间影响和改变周围的人。

你不必生得惊艳，但灵魂一定要有趣

"花瓶"这个词，有时候被拿来调侃那些外表光鲜亮丽，但内心世界却像是一片空白的女性。但很多人忽略了一个重要的事实：真正的魅力，是那种从内到外自然流露的光彩。

漂亮女人可不是靠化妆品或者华服堆砌出来的，而是靠她那颗丰富、有趣的灵魂。就像那些经典的老歌，旋律简单，却能经久不衰，因为它们有故事，有情感。

环顾四周，你会发现女性的魅力各有千秋。有的人，初见时像是一幅精美的画作，让人眼前一亮，但随着时间的流逝，你会发现，除了那层表面的光泽，她们的内心世界缺乏深度。这样的女性，可能会在生活中渐渐失去光彩，就像那些只供观赏的艺术品，虽然美丽，却缺乏生命力。

还有这样一些女性，她们的生活似乎围绕着家庭转，有时候甚至忘记了自己的需求和梦想。成为全职主妇，这本身并不是问题，问题在于，有些女性在全心全意投入家庭的同时，却忘记了自我成长的重要性。她们渴望被呵护，像温室里的花朵，但生活往往不是永远的温室。

但有一类女人，无论她们现在的"阵地"在哪里，她们从来也不忘滋养自己的心灵。她们明白，自我成长不是奢侈品，而是必需品。她们会在繁忙的生活中找到时间阅读、学习、旅行，或者追求自己的小兴趣，这样，她们的生活才会更加丰富多彩。

林枫的婚姻生活开始得很突然，一次意外的怀孕让她和老公匆匆走进了婚姻的殿堂。虽然她在职场上有着不错的发展，但面对新生命的到来，她选择了辞职，全心投入到家庭中。

老公当时正处于创业的关键时期，家中老人又无法提供帮助。林枫的决定，似乎是最合适的选择。老公对她的选择感激不尽，深情地说："小枫，谢谢你，我会永远对你好。"

时间飞逝，六年过去了，儿子上了小学，老公的公司也渐渐稳定。但林枫却发现，自己好像被遗忘了。一天，她在照镜子时，看到自己憔悴的面容和走样的身材，心中涌起一股忧郁。

更让她不安的是，她无意中发现了一张女式钻戒的小票，尺码显然不是她的。那天晚上，她默默流泪，儿子走过来安慰她："妈妈，别哭了，你这样我都不能专心写作业。"

老公却在一旁不以为意："又看了什么电视剧？你就是太闲了。"

林枫心中委屈，但她不敢问，害怕真相。直到她发现了老公隐藏的手机和衣物上的陌生香味，她终于忍不住了。

她颤抖着声音问："老公，我们的婚姻是不是出了问题？"老公开始还想掩饰，但当她拿出那个女人发来的信息时，他愣住了。

随后，老公开始埋怨："她只是助理，我们没什么。你看你现在，身材走样，嗓门大，一点不像女人。我就像和兄弟一起生活。"

林枫如遭雷击，她听着老公冷漠的话语："你别管太多，安心在家带孩子。"

老公进了卧室，留下林枫瘫坐在地上。她回想起这些年的付出，换来的却只是一个"保姆"的名分。再看看自己现在的样子，她明白了，谁会喜欢一个失去自我的人呢？

林枫抱膝痛哭，心中充满了悲伤和绝望。

无论生活如何变迁，都不能失去自我，不能让灵魂变得无趣。你不必生得惊艳，但灵魂一定要有趣。只有这样，才能在生活的风浪中保持自我，赢得尊重和爱。

一位香港导演说："要塑造有灵魂的角色，演员自己得先有灵魂。"女人啊，让自己看起来漂亮确实能添上几分自信，但让灵魂变得有趣，那才是成为气质美女的关键。演员不仅要长得美，还要有股子独特的敬业精神，哪怕是刚出道的小演员，在他的戏里也能演出不一样的灵气来。

灵气来源于气质，气质这东西，是从内到外自然散发出来的，魅力也是一样。有时候，你看一个女孩，觉得她平平无奇，似乎配不上她的男友。但一旦你跟她成了朋友，就会不自觉地被她吸引。因为她的魅力，是来自灵魂的。

人们往往因为女人的美貌而给予她们优先和宽容，但只靠外貌的女人，很难得到真正珍贵的东西，因为人们对她们的喜爱，往往只是停留在表面。

但是，如果有人爱上了你的灵魂，那外貌就成了一家老店的招牌，哪怕岁月让它褪了色，人们依然会感慨时光的流逝，因为他们真正爱的，是这家店的内在。

因此，女孩子们，趁着还年轻，让自己的灵魂变得更有趣吧。独立的人格、高雅的气质，这些都是你未来的资本。真正爱自己的女人，不仅要有一张吸引人的名片，更要有真材实料。因为岁月不饶人，到最后，能拼的还是你的内在实力。

交际攻略

你不必拥有惊人的美貌，但你的内心世界一定要丰富多彩，因为真正能吸引人的，永远是你那独特而有趣的内在。

你有多独立，
就多有底气

　　"不依赖他人，是最大的自由。"依赖别人的人，总是在找拐杖，而独立的人，从内心找到力量。这种力量，让他们在逆境中也能昂首挺胸，迎接挑战。

　　提到独立，很多人会想到钱，没错，经济独立是挺直腰杆的资本。但精神上的独立，同样重要，甚至更难达到。它要求你能独立思考，不随波逐流，有自己的信念。这样，即使遇到再大的困难，也能保持冷静，作出对自己负责任的选择。

　　独立意味着你能够为自己的生活负责，小到每天的三餐，大到职业上的选择，独立的人都有能力自己承担后果，不需要依赖别人。这种能力，让你内心有了一种安定感，因为你知道，无论世界怎么变，你都能掌握自己的方向。

　　当然，独立不是孤立，真正的独立，是在尊重和理解他人的基础上，坚持自己的路。独立的人会合作，但不会失去自我；他们会听取建议，但不会放弃自己的判断。独立是一种智慧，是在纷繁世界中找到方向的能力。

李婧从小就是父母的骄傲，他们对她期望很高，希望她事业成功，也希望她早日找到好归宿。李婧一直努力工作，想要让父母满意，但心里总觉得有些压力。

一次广告竞标中，李婧和团队遇到了前所未有的挑战。对手的方案几乎完美，公司高层焦虑万分，给她施加了巨大的压力。与此同时，父母也在不停地催促她和相亲对象定下婚期。

李婧感到前所未有的迷茫和疲惫。一天深夜，她加班到凌晨，终于忍不住了，向上司递出了辞呈。

上司震惊之余，问她："你真的想好了吗？这项目对你来说意义重大。"

李婧深吸了一口气，说："我想我需要时间，找到自己真正想要的东西。"

辞职后，李婧离开了喧嚣的大城市，来到一个宁静的小镇。在这里，她遇到了一位开咖啡馆的老人。老人看起来普通，但和他交谈后，李婧发现他有着不凡的人生经历和智慧。

老人告诉她："我曾是商人，但后来选择来这里，过上了自己想要的生活。"

李婧问："您不后悔放弃过去的辉煌吗？"

老人笑着回答："辉煌是给别人看的，生活是自己的。"

李婧深受触动，她开始反思自己过去的生活，是否一直在为满足别人的期望而活。

回到城市后，李婧没有回到原来的工作，而是开了一家小咖啡馆。开业那天，前同事们都来了，他们惊讶于李婧的变化："你现在看起来更自信了。"

李婧笑着说："可能是因为我找到了自己的节奏。"

独立不仅仅是物质上的自由，更是心灵上的自我主宰。当你学会为自己而活，为自己的选择负责时，你就拥有了面对生活挑战的底气和力量。

在电视剧《我的前半生》中，主人公罗子君离婚之初，她像许多突然失去依靠的人一样，感到迷茫和无助，但随着时间的推移，她逐渐学会了独立生活，开始找回自己的定位和价值。

罗子君的独立过程，底气并非来自他人的给予，而是源自自身的成长和努力。她开始尝试新的事物，学习新的技能，逐渐建立起自己的事业。每一步虽小，却坚定而有力，让她在生活的风雨中站稳了脚跟。

独立不仅仅是一种生活状态，更是一种精神态度，面对困难和挑战，她不再逃避，而是勇敢地迎难而上，同时，她也学会了独立思考，不再依赖他人的意见来做决定。这种独立思考的能力，让她在复杂的社会中保持了清晰的判断力，有了生活的底气。

独立不是一夜间的华丽转身，而是一天天坚持和努力的累积，要从内心开始，学会自我认知，了解自己真正想要的是什么，不要被外界的声音左右，而是根据自己的价值观和目标来规划生活。

首先经济独立是独立的基石，女孩要学会理财，不依赖他人，通过自己的努力，确保了生活的稳定和未来的安全。哪怕步入婚姻之后，也要有一份稳定的工作，或者拥有自己的小生意，或者投资于股票和基金，为自己的未来打下坚实的基础。

其次是决策独立。无论是选择工作，还是选择生活方式，都要根据自己的判断来作出选择。也许，这些决策不会总是正确的，但只有勇于承担责任，从错误中学习，才能不断成长。

再次，要学一些实用技能，学习烹饪，不再依赖外卖；学会家务，让生活井井有条；学会一些基本的维修技能，应对生活中的小问题。

最后，女孩要在情感上独立。享受独处的时光，通过阅读、运动、旅行等方式来充实自己的生活，不要依赖他人来获得快乐，而是学会自我满足。

交际攻略

培养独立的思维和生活方式，在面对生活的各种挑战时更有底气，也能让你找到属于自己的那份平静和力量。

你那么善解人意，
没人会不喜欢

　　莫言曾经说过："人性最大的愚蠢就是相互为难。"这话说得在理，就像在厨房里做菜，你非得往别人的锅里加盐，最后咸的可能是自己的汤。

　　与人相处，不管别人怎样，保持善良总是没错的。你对别人的善意，最终往往像是种下的种子，收获的是自己的心田。

　　人际关系这门课，可比高数还复杂。用心去体会别人，别人自然能感受到真诚。这不仅仅是表面上的迎合，而是真正地穿上别人的鞋子，走一走他们的路。

　　就拿职场来说，那些懂得体谅同事的人，总能在团队中赢得信任。他们可能只是在别人焦头烂额的时候，递上一杯咖啡，或是轻轻地问一句："需要搭把手吗？"这些看似微不足道的举动，却能建立起信任的桥梁。

体谅其实是一种生活的艺术。它要求你要有洞察人心的敏锐，更有真诚关怀的温暖。它不是那种表面功夫，而是从心底里自然流露出来的真诚。当你能从心底理解他人，用行动去温暖他人，你的存在就会成为别人生活中的一束光。

如果学会体谅，就可以用善良去点亮别人的生活，也照亮自己的心。毕竟，生活不是一场竞赛，而是一场温暖的传递。你的善意，就像是冬日里的一杯热可可，温暖了别人，也甜蜜了自己。

林浅是大家心目中的"心灵导师"，她总能在他人最需要的时候，送上一杯热腾腾的茶，或是在气氛尴尬时，讲个笑话，轻松地化解紧张。

家庭聚会上，叔叔和舅舅因为一些琐事争得面红耳赤。林浅轻轻放下手中的杯子，笑着说："哎，你们还记得上次咱们一起烧烤，舅舅把香肠烤焦了的事吗？"大家哄堂大笑，争执自然烟消云散。

在朋友圈里，林浅是那个总能把大家团结起来的人。一次，她的两个好朋友因为一个观点不合，差点翻脸。林浅拉住两人的手，认真地说："咱们这么多年的朋友，别因为这点小事伤了和气。你们两个都等对方说完，都听听对方的话。"在她的调解下，两人最终握手言和。

在公司，林浅是同事们心中的"暖宝宝"。一次，新来的同事小王因为工作压力大，情绪低落。林浅走到他身边，轻声说："小王，刚来都这样，别急，慢慢来。有什么需要帮忙的，尽管说。"小王听了，心中涌上一股暖流。

但林浅的善解人意，并不是无原则的迁就。一次，同事小张把工作推给她，自己却去偷懒。林浅找到小张，认真地说："小张，我知道你最近家里有事，但工作是大家的，我们得一起分担。"她的坦诚，让小张感到十分惭愧，也更加尊重她。

林浅就像小城里的一盏明灯，用她的善解人意和温暖的光芒，照亮了每一个人的心灵。她的存在，让这个快节奏的城市多了一份温情和关怀。

在这个世界上，总有人愿意理解和温暖你，当你能够从内心深处去理解他人，用你的行动去传递这份理解，你自然就成了他人生活中的一束温暖的光芒。

古人说："赠人玫瑰，手有余香。"体谅，不仅能够温暖他人，也会让自己的心灵变得更加芬芳。用体谅的心去触摸每一个灵魂，用关怀的行动去温暖每一个日子。

其实，每个人都是彼此生命中的过客，但体谅可以让相遇变得更加美好。它不需要华丽的语言，也不需要夸张的动作，只需要一颗真诚和善良的心。

善解人意，说到底，就是一种贴心的生活态度。它不要求你说出多么高深的话，而是要用最朴实的语言，表达最真诚的关怀。

比如，闺蜜最近工作不顺，情绪有点低落。你可以在电话里轻松地问她："最近工作是不是压力挺大的？下班后咱们去喝杯咖啡，散散心，顺便跟我诉诉苦？"这样的邀请，既轻松又贴心，让她感受到你的关心。

在办公室，同事可能因为即将到期的项目而焦虑不安。你可以走过去，用一句简单的话打开话匣子："这项目看着挺让人头疼的，要不要一起坐下来喝杯茶，聊聊看有什么能帮忙的？"这种随意的关心，往往能让人在紧张的工作中感受到温暖。

家里，如果妈妈因为日常琐事感到烦躁，你可以在帮忙做家务的时候，轻声对她说："妈，看你最近挺累的，要不要周末咱们一起去逛逛街，放松一下？"这种贴心的建议，能让妈妈感到你的理解和支持。

善解人意，其实就是在这些生活琐事中，用言语和行动，表达出对他人的理解和支持。它不需要华丽的辞藻，也不需要复杂的技巧，只需要你用心去感受，用最真诚的态度去回应。愿你在平凡的生活中，给予他人不平凡的温暖和力量。

交际攻略

一句问候，一个拥抱，或者一个愿意倾听的姿态，这些简单的举动，往往比千言万语更能温暖人心，拉近人与人之间的距离。毕竟，生活里最打动人的，往往就是那些不经意间流露出的真诚和关怀。

真诚才是女人的必杀技

为什么女孩总是觉得自己需要隐藏真实的一面？

为什么会害怕在职场和生活中展现自己的脆弱？

为什么觉得戴上面具就能赢得一切？

其实，那是因为人们都忽略了一点：真诚，才是女孩最强大的武器。

如果你在聚会上讲了个笑话，大家都笑了，但你的闺蜜却突然说："这笑话我听过了。"这时，你是尴尬地笑笑，还是坦然回应："哈哈，经典总是值得回味的！"这种轻松的真诚，往往比尴尬地掩饰更能化解局面。

在职场上，一些女职员为了迎合上司或同事，不惜奉承或讨好。但这样的策略，往往只能带来短暂的好感。与其如此，不如以真诚的态度去面对每一个挑战。你会发现，真诚不仅让你显得更可靠，也让你成为他人更愿意合作的对象。

在社交场合，真诚同样是建立信任的基石。朋友，你可能因为担心被误解，而选择隐藏自己的真实想法。但当你敢于表达真实的自己，你会发现，这样的坦率反而更容易赢得他人的尊重和理解。

在感情的世界里，真诚更是爱情的基石。许多女性在恋爱中害怕展现真实的自己，担心对方无法接受自己的不完美。但请记住，真正稳固的感情，建立在双方坦诚相待的基础上。你越真诚，对方就越能感受到你的真心，这样的感情才能经得起时间的考验。

张琳和小辉的婚姻，外人看来美满幸福，实则家里时常暗潮汹涌。婆婆对小辉的宠爱，让他习惯了听从母亲的安排，这让张琳感到自己在家中总是被边缘化。

一次周末的家庭聚餐，婆婆又一次对张琳的家务事指指点点，抱怨她工作忙忽略了家庭。张琳终于忍不住，冷冷回应："妈，我也有自己的事业，我已经尽力了。"

婆婆立刻不高兴了，拍着桌子说："我这是为你好！"小辉见状，赶紧劝张琳："琳琳，别顶嘴，妈是为我们好。"

张琳的怒火终于爆发："小辉，你总是站在你妈那边，有没有想过我？"

那晚，张琳冷静地思考了很久，她决定不能再这样下去，她需要和小辉好好谈谈。

第二天，张琳找到小辉，诚恳地说："我知道你在乎你妈，但我们是夫妻，应该互相支持。你是这个家的男人，不是你妈的小孩。"

小辉被张琳的话触动，他意识到自己的错误。第二个周末，他们再次去婆婆家，小辉鼓起勇气对母亲说："妈，我们应该尊重琳琳，她是这个家的女主人。"

婆婆听了，虽然有些不解，但看到儿子的坚定态度，她开始反思。她意识到，自己需要给儿子和儿媳妇更多的空间。

从那以后，张琳和小辉开始真诚地沟通，婆婆也逐渐学会了尊重他们。张琳发现，真诚和沟通是解决家庭矛盾的关键。她用真诚赢得了婆婆的理解和尊重，也找回了自己在家中的位置。

在家庭关系中，真诚地沟通和彼此的理解是解决冲突的关键。尤其是面对婆媳关系，逃避和忍耐只会让矛盾升级，只有真诚地面对问题，才有可能找到真正的解决之道。真诚，才是女人的必杀技，它能让女人在家庭中站稳脚跟，赢得尊重和理解。

真诚，就像一杯清水，看似平淡无奇，却能在你最干渴的时候，给予你最需要的滋润。它不需要华丽的辞藻，也不需要复杂的技巧，只需要你勇敢地做自己。作为女性，真诚是你无往不胜的法宝，也是你走向成功与幸福的必备品质。

特别是当别人误解你时，用真诚去沟通一定会得到更好的效果，那是因为沟通的第一步是保持冷静和开放的态度。误解往往源于信息的不对等或观点的差异，而真诚的态度有助于消除隔阂。

当别人误会你的意图时，你可以这样开场："我可能没表达清楚，我的本意是……"例如，如果你的同事认为你在会议上的发言是在批评他的工作，你可以找个合适的时机，私下和他说："我会议上的话不是针对你个人的，我只是想提出我们可以改进的地方。"

在解释清楚之后，倾听对方的观点也很重要。你可以说："我想听听你的看法，可能我确实有没考虑到的地方。"如果对方仍然坚持他的观点，不要急于争辩，而是给予对方时间和空间。你可以说："我理解你的感受，我们可以找个时间再聊聊，直到我们找到共识。"

在沟通的过程中，适当使用"我觉得""我认为"这样的第一人称表述，可以减少对立情绪，让对方感觉到你是在表达个人感受，而非指责。

最后，如果误会是由于自己的疏忽造成的，不要害怕承认错误。你可以说："我回头想了想，可能我当时确实没处理好，我应该向你道歉。"这种坦率地承认错误并道歉的行为，是真诚沟通的体现。

通过这样的方式，即使在面对误解时，也能够用真诚搭建起理解和信任的桥梁。记住，真诚不仅在于言语，更在于行动和态度。真诚地沟通，是能够解决问题的，甚至能够加深彼此之间的关系。

交际攻略

> 　　与其戴着面具生活，不如勇敢地展现最真实的自己，因为这才是你最大的魅力所在，真诚，才是女人的必杀技。

微信扫码
❶ AI贴心闺蜜
❷ 成长必修课
❸ 情商进阶营
❹ 幸福研讨室

Women's Social Strategy

第三章

嘴上多抹蜜，高情商说话赢得好人缘

温柔的话语，贴心的关怀，让人如沐春风。高情商的沟通，能化解误会，增进理解，让彼此的心灵更加贴近。如此，方能广结善缘，人生之路越走越宽广。

人缘好，
都是"夸"出来的

当你的朋友穿上了一件新衣服，你会说些什么？

当你的同事完成了一项工作，你又会说些什么？

如果只是简单地一句："嗯，挺好。"那就毫无沟通效果可言啦。

其实，日常生活中，有两类人很受欢迎：一类似乎天生就擅长社交，能够轻松地成为众人的焦点；另一类通过谦逊和礼貌赢得了他人的尊重和喜爱。这些人之所以受欢迎，很大程度上是因为他们懂得如何用赞美来拉近与人的关系。

拥有良好的人际关系并不是偶然的，那些看似随意的赞美，实际上在社交中起到了润滑的作用。它们可以帮助你打破初次见面的尴尬，缩短彼此之间的距离。一句真心的赞美，就像是一束温暖的阳光，能够照亮并温暖人心。

在一个阳光明媚的下午，李悦的好朋友赵颖来串门。李悦正在厨房忙得不亦乐乎，准备着一顿丰盛的午餐，所以只能让赵颖先在客厅里和小悦玩。李悦心里有点担心，毕竟小悦平时和陌生人不太亲近，没想到的是，赵颖和小悦很快就聊得热火朝天，小悦甚至把自己最喜欢的玩具都拿出来和赵颖分享，两人的笑声充满了整个房间。

午餐过后，赵颖准备离开，李悦送她到门口。小悦这次竟然没有像往常那样需要提醒，而是自己跑过来，依依不舍地向赵颖挥手告别，还一个劲地邀请赵颖常来家里玩。看到赵颖答应了，小悦脸上露出了开心的笑容。

赵颖走后，李悦好奇地问小悦："你今天怎么这么喜欢赵阿姨啊？"小悦平时对家里来的客人都是礼貌性地打个招呼，然后就自己玩去了，今天却和赵颖聊得这么开心。

小悦开心地说："因为赵阿姨夸我聪明，还说我搭积木搭得特别好，她说我将来能成为建筑师呢！"小悦的眼睛里闪烁着自豪的光芒。

李悦听了，心里暖暖的，她想起了那句话："人们都渴望被肯定。"无论是大人还是孩子，都喜欢听到别人的赞美。

还有一次，赵颖在公司加班到很晚，当她准备离开时，发现外面有两个小偷在偷东西。她悄悄地躲在桌子下，给门卫老张发了条短信："张哥，我们这里有小偷，快报警。"老张没有回复，但很快就听到外面有打斗的声音，老张和小偷搏斗起来。最后，老张凭借自己的搏斗技巧，成功制服了小偷，虽然受了点伤。

后来有人问老张为什么愿意冒险救赵颖，老张说："我在这里工作这么多年，大家都觉得我就是混日子的，只有赵颖夸我工作认真，说我是个好门卫。她的赞美让我觉得自己的工作很重要，所以当她有危险时，我当然要冲上去。"

赞美的力量真的很大，它不仅能让人感受到自己的价值，还能拉近人与人之间的距离。因此，不要吝啬你的赞美，它可能会成为一段美好友谊的开始。

赞美，它不仅仅是一种声音，更是一种力量，能穿透人心，温暖彼此。它像一束阳光，照亮了你与他人之间的距离。记住，赞美是一种给予，它不求回报，却常常收获意想不到的友谊。

那么，该如何在生活中恰当地赞美他人呢？

与熟人聊天时，直接的赞美可能会显得有些突兀，可以尝试用更微妙的方式表达赞美。比如，遇到一个英语说得很流利的人，你不必直接说"你的英语真棒"，而是可以换个角度，说"你一定是在国外生活过吧"，或者"你的英语听起来就像母语一样自然"。这样的赞美，既真诚又不显山露水，更容易打动人。

赞美需要真诚，过度夸张的赞美往往会适得其反。如果你对一个唱歌并不擅长的人说"你的歌声真美"，这可能会让对方感到尴尬，甚至误解你的意图。相反，如果你说"你唱得比上次进步多了"，或者"你的声音很有特色"，这样的赞美既真实又鼓舞人心。

赞美也可以富有创意。不要害怕用不同的方式表达你的赞美。比如，当别人请你品尝他们做的菜时，不要只是简单地说"真好吃"，你可以说"这手艺都可以开餐馆了"，或者"这道菜简直可以上美食节目了"。这样的赞美既新颖又有趣，能够让对方感受到你的真诚和欣赏。

正所谓"一言暖人心"，用心夸奖，他人不仅会感受到善意，也会在无形中加深认同感。在与人交流时，不要吝啬你的赞美之词。当你真诚地表达对他人的赞赏时，话语就像是一座桥梁，将心与心紧密相连。

"夸"不仅仅是一种语言技巧，更是一种与人沟通的艺术。善于夸奖他人的人，往往能在不经意间赢得他人的好感，建立起良好的人际关系。

交际攻略

赞美是一座隐形的桥梁，桥梁的一头是你，桥梁的一头是他。与人聊天时，多说一些赞美他人的话，你的人缘会越来越好。

拒绝的话，
你该怎么说才不伤情面

《庄子》中的一句话"人能虚己以游世，其孰能害之？"提醒人们，保持一颗超然的心，不被外界的纷扰所动摇，是达到内心平和的关键。拒绝，正是这种心态的体现，它不是对他人的否定，而是对自己选择的肯定。

每个人都会不可避免地遇到需要说"不"的时候。这往往让人陷入两难：既不愿违背自己的意愿，也不想伤害他人的感情。是顺从他人的请求，还是坚守自己的立场？

大多数人在这种情况下，往往会选择前者，他们害怕拒绝会让自己显得不近人情，担心自己的决定会伤害到对方，甚至影响到双方的关系。然而，这种顾虑往往掩盖了一个更深层次的真理：真正的尊重，不是盲目地顺从，而是在尊重自己的同时，也尊重他人的理解和成长。

　　拒绝，并不是一种冷漠的表现，而是一种成熟的自我表达。它要求你有足够的勇气去维护自己的界限，同时也展现出对他人的深切关怀。学会拒绝，就是在向对方传达一个信息：我尊重自己的选择，也相信你能够理解并尊重我的选择。

　　蒋琪琪是个典型的"不会说不"的女孩。她明知道总是答应别人的请求会让自己很累，但每次到了拒绝的关头，心里虽然在呐喊"这次一定要拒绝"，可嘴里却还是不自觉地说出"好的，我帮你"。

　　她觉得拒绝别人会让对方失望，显得自己不友好、不善良。结果就是，她答应了太多事情，身心俱疲，却又因为不敢拒绝陷入了内心的纠结与痛苦。

　　毕业后，蒋琪琪留在了北京，虽然租房住，但总算有了属于自己的一片小天地，原本打算好好享受一下独处的时光。可偏偏亲戚朋友隔三差五地来北京玩，总是住在她家里，还要她陪着玩、陪着吃、陪着买东西。她心里想着拒绝，可碍于情面，始终没能开口。

　　有一次，她终于有机会去香港出差，心想这次可以趁机放松一下，走走看看，享受一下香港的风土人情，品尝美食。然而，她的同事和朋友一听说她要去香港，立刻列出了一长串代购清单——什么化妆品、衣服、包包全都来了个遍。她其实最讨厌逛街，尤其是到了香港还得替别人买东西，更让她心烦，但就是不好意思说"不"。

　　不仅如此，日常生活中她也总是被各种小事困扰。比如，同事让她帮忙跑腿送个快递、买个饭，她想拒绝，可最后还是答应了。朋友发来微信，说孩子在参加某个活动，拜托她帮忙投票，她觉得这种事很麻烦，但也没好意思拒绝，还是点了好几下……

蒋琪琪的烦恼，就是一直在别人和自己之间无法平衡，明知道要为自己争取时间和空间，却总是无法狠下心来对别人说"不"。

拒绝不是一种对他人的攻击，而是一种对自我的尊重。然而，如何表达拒绝的态度，却需要用心斟酌。有效地拒绝往往需要具备三个要素：真诚、尊重和替代方案。

真诚是拒绝的核心。当你坦率地表达自己真实的想法时，拒绝才能显得有力且不伤人。例如，当朋友邀请你参加一个聚会，但你因工作疲惫想休息时，可以直接说："今天太累了，想留在家休息，改天再约。"这样的表达，既清晰表明了你的意愿，也尊重了朋友的感受。如果你假装有其他安排或者答应了却临时取消，反而会让对方感到失望甚至被忽视。

尊重是拒绝的关键。无论你如何拒绝，都应保持对对方的尊重。即使无法满足对方的请求，也要表达对其诉求的理解和重视。例如，"我明白这个事情对你很重要，但我实在无法帮上忙。"别人听完后，虽然没有获得帮助，但他体会到了被关注和尊重。

最后，提供替代方案可以让拒绝更加容易被接受。如果能在拒绝的同时，提供一个合理的替代方案，对方会感到你在尽力帮助他们。例如，当有人请求你的帮助，而你无法答应时，你可以说："虽然我暂时无法亲自帮忙，但你可以试试联系某某，他在这方面很有经验。"让对方感受到你的善意。

"不忍一时之忿，终难免百日之忧。"在拒绝他人时，保持平和与尊重，这样不仅能避免不必要的矛盾，还能让彼此的关系更加和谐。

总之，拒绝并不总是冰冷无情的，可以在保护自己的同时，也尽量减轻对对方的伤害。拒绝是一门艺术，它需要用智慧和技巧去掌握。记住，拒绝不是结束，而是另一种形式的开始，它让人与人之间的关系更加真诚和坚固。

交际攻略

生活就像一杯茶，需要适时倒掉残渣，才能尝到新茶的甘甜。学会适时说不，不仅是一种聪明，更是对自己最好的照顾。

顾及他人，
就说他人爱听的

孔子说："己所不欲，勿施于人。"在日常生活中，人们常常会为该不该说出心中所想，会不会引起对方不悦而感觉苦恼，这个问题看似简单，却涉及了人际交往中的一个重要原则——顾及他人的感受。

顾及他人，并不是隐藏真相或违背自己的原则，而是在表达时多一点考虑，多一份体谅。比如，你不愿意听到的刺耳之言，为何要强加给别人呢？

生活中，懂得如何顾及他人感受，并说出对方爱听的话，是一种非常重要的社交智慧。这种智慧不仅能帮助人与人建立和谐的关系，还能在互动中获得更多的支持与温暖。对于女人来说，这样的能力尤为关键，因为它不仅让你在人际交往中变得游刃有余，还能让你在任何社交场合中如鱼得水。

田薇薇就是这样一个聪明的女人，但她的成功并不仅仅靠运气，而是因为她懂得如何在人际关系中运用语言的力量。田薇薇刚开始创业的时候，决定与一家高档餐厅合作，把她的甜点产品推向更高端的市场。然而，第一次洽谈并不顺利。餐厅经理是个直率的人，见面没聊几句就婉拒了田薇薇的提议，表示目前餐厅没有引进新产品的打算。

但田薇薇并没有因此放弃。她知道，要想成功打动这位餐厅经理，得换个方式。她打听到，这位经理是个狂热的健身爱好者，尤其喜欢跑马拉松。于是，田薇薇报名参加了一个她知道经理也会参加的马拉松比赛。

比赛当天，田薇薇"偶遇"了经理。经理见到她时，明显有些惊讶："田薇薇，你也跑马拉松？"

田薇薇笑着回答："是啊，听说您是马拉松达人，我一直想试试看，没想到真遇到您了！"

经理笑了，话匣子一下子打开了："可别说达人，我也只是个爱好者，刚跑了几次呢。不过这次比赛还真有点挑战呢。"

田薇薇表现出极大的兴趣，不时点头赞同，还主动请教一些比赛技巧。她没有提及任何工作上的事情，反而一直围绕经理的兴趣展开对话。两个人聊得十分愉快，经理对她的好感也悄然增加。

等到比赛结束，经理主动跟田薇薇说："你这人挺有意思的，有空来我们餐厅坐坐，咱们可以再聊聊合作的事。"

正是因为田薇薇懂得投其所好、抓住机会，通过对方感兴趣的话题建立起了更深的联系，最终成功地达成了合作。这不仅是技巧问题，更是一种懂得体察对方情感需求的能力。

生活中，许多人之所以在社交中遇到阻碍，往往是因为他们过于关注自己，忽略了对方的感受。真正聪明的女人懂得换位思考，知道如何用贴心的语言去化解矛盾，拉近距离。这种沟通方式，不仅能帮助她们在复杂的社交网络中游刃有余，还能让她们在人际关系中获得更多的支持与认可。

要做到这一点，并不需要夸张地奉承或不真实的言辞，而是用心观察，找出与对方情感共鸣的切入点。比如，与朋友相处时，多听听她的烦恼，而不是急于给建议；在工作中，学会用温和的方式提出意见，而不是直言不讳地批评。

正如田薇薇的经历所展示的，学会说出对方愿意听的话，既是一种礼貌，也是一种智慧。它像一盏明灯，照亮前行的道路，让人际交往变和谐，还能收获意想不到的成果。

与人交谈，不妨先放下自己的立场，试着站在对方的岸边，看看他们眼中的风景，听听他们心中的波涛。用贴近他们心灵的语言去回应，这样的对话，就像温暖的阳光，能照进人心，建立起信任和亲密。

生活的智慧，往往藏在那些简单而真诚的言语之中。不需要刻意去修饰话语，而是要让它们自然流露，就像山间清泉，清澈而甘甜。在表达自己的观点时，记得尊重对方，即使意见不合，也可以用一种建设性的方式去沟通，因为最终的目的是理解，而不是为了争执。

适时的肯定和赞美，是这种艺术中的一抹亮色。它们是对他人优点和努力的认可，是用言语给予的鼓励和支持。

赞美必须是真诚的，否则就会失去它的光彩。

交际攻略

　　说出合适的话，是一种生活的艺术，一种心灵的舞蹈。它要求你用心去感受，用智慧去表达，用真诚去沟通。这样，不仅能够与人建立更深层次的联系，也能够让自己的生活变得更加丰富和有意义。

怎么避免尬聊，
握住原本属于自己的机会

  有时候，聊天就像是一场精心编排的舞蹈，每个人都在寻找那个完美的节拍，但就在你准备踩下一个关键的舞步时，一句不合时宜的话或者一个不恰当的反应，就像是突然响起的噪音，让整个舞曲戛然而止。

  这种尬聊的瞬间，不仅让自己感觉像是踩到了香蕉皮，也可能让对方觉得像是被邀请跳了一场没有音乐的舞。

  为什么会这样呢？说到底，这可能是因为对时机的把握还不够精准，对对方情绪的感知还不够灵敏。就像是在打乒乓球，如果你没能及时接到对方的球，或者接球的方式让对方无法继续，那么比赛自然就变得尴尬了。

  比如，你在一个聚会上，正准备大谈特谈自己最近沉迷的一款游戏，却发现对方的眼神开始游离，回应也变得越来越机械，这时候你就能感觉到，空气中的尴尬几乎可以用尺子量了。

为了避免这种尴尬的对话，你需要学会更好地读懂对方的信号。这不仅仅是关于说什么，更是关于怎么说，以及什么时候说。你需要像侦探一样敏锐，捕捉对方言语中的细微变化，感受他们的情绪波动，然后调整自己的对话策略。

记住，对话是一场双向的交流，而不是单方面的表演。当你能够真正地倾听对方，理解他们的兴趣和需求，就能避免那些尴尬的时刻，让对话变得流畅而有趣。

刘静在一家广告公司工作，是个平时不怎么爱说话的人。一次，公司组织了露营团建活动，大家晚上围着篝火聊天，气氛本来很轻松愉快。一个同事分享了一个有趣的旅行经历，大家都笑得前仰后合。刘静也想融入聊天的气氛，突然冒出一句："我小时候，我妈总说家里的狗长得跟我一模一样，哈哈，是不是很好笑？"

这句话一出口，气氛顿时安静了下来，没人知道该怎么接话。大家面面相觑，笑声也戛然而止，现场陷入了尴尬的沉默。刘静意识到自己好像说错话了，有些局促不安，不知道如何化解这个场面。

正在大家不知如何回应时，小王打破了沉默，笑着接话："哈哈，这狗和人长得像确实挺稀奇的！不过说到动物，我想起有一次我在动物园差点被猴子偷了包！"他巧妙地将话题从刘静的冷场转到了自己的趣事上，大家又开始哈哈大笑，场面轻松了许多。

这次团建之后，刘静才意识到自己有时候说话不太合时宜，虽然出发点是好的，但总是让场面变得尴尬。幸好小王当时机智地换了个话题，才避免了整个对话陷入冷场的尴尬。

尴聊，几乎每个人在生活中都会经历。遇到这种情况，继续硬聊下去往往只会让气氛更加僵硬，反而适时转移话题或轻松幽默地化解，能让对话重新活跃起来。在这种情况下，善于观察场面、适时救场的人，常常会成为大家眼中的"社交高手"。

尴聊在人际交往中总会出现，不聊吧，气氛不好；聊吧，气氛更不好了。这时，轻松的态度和机智的应对便是搞活气氛，逃出生天的方法。

之所以会尴聊，常常是因为话题的不合时宜或对话的突然沉默而产生，但这些不过是水面上的涟漪，可以用幽默将其抚平。

比如，当谈话陷入僵局，你轻描淡写地来一句："我们的话题似乎需要加点调料，让它重新鲜活起来。"从而给了对方一个自然过渡到新话题的机会。

如果你察觉到对方对当前话题兴趣缺缺，不妨像转换电视频道一样，轻松地切换到另一个频道："哎，工作上的事总是让人头疼，不如聊聊你周末的计划，有没有什么新鲜事儿？"这样的转变，不仅能够让对方的心情放松，也可能引出一段更有趣的对话。

当然，尴聊出现后，也是一种时机，当话语停滞，不妨趁机探问对方的兴趣爱好，或对其观点表示好奇，这样既缓解了气氛，又让你掌握了第一手资料。

尴聊不过是沟通中的一抹小插曲，它并不是终结，而是另一种开始。用一颗开放的心去面对，用智慧去化解，你将发现，即使是尴聊，也能成为沟通的桥梁，增进彼此的了解，加深相互的情谊。

交际攻略

　　　　交流的本质是一种平等的互动，而不是单方面的输出。只有在对话中真正理解对方的需求和兴趣，才能避免那些令人尴尬的瞬间，牢牢把握住机会。

争辩，
赢了道理，也会输了情商

"你这事儿处理得有点瑕疵啊！"

"你懂啥？你根本不懂里面的门道，外行别瞎指挥内行……"

"那你为啥要这么处理呢？"

"我怎么就不能这么处理了？这跟你有啥关系，你瞎掺和啥……"

这样的争辩场景，简直比电视剧还常见。争辩就像是一场没有裁判的拳击赛，双方都想证明自己是对的。但很多时候，争辩背后的原因可能比表面上看到的要复杂得多。

有时候，你知道自己可能错了，但那张"我没错"的面具就像是超级胶水，牢牢地粘在脸上，怎么也摘不下来。毕竟，承认错误就像是在众人面前表演摔跤，谁愿意呢？

当然，争辩有时候是一种自我保护，有时候是一种权力斗争，有时候则是一种情绪宣泄。但不管什么原因，争辩很少能解决问题，反而可能让问题变得更糟。

这种情商低的聊天最典型的特点就是总想在语言上占据上风，让别人认同自己的观点和想法。但事实上，这个世界上的很多事情都不是非此即彼的，每个人都有各自不同的想法，这些想法并不能简单地用对错来进行评判。

文丽是团队的领头羊，但她的情商，唉，真是让人头疼。每次开会，她就像一只好斗的公鸡，只要觉得自己有道理，就非得争个你死我活不可。

记得有一次，团队在讨论一个新项目，大家都在提建议。同事老李提出了一个想法，他刚开口："我觉得我们可以尝试一下……"文丽就立刻打断他："等等，等等，你这想法太天真了。我有个更好的。"

老李有点尴尬，但还是坚持说："但是，文丽，我觉得……"文丽立刻反驳："我觉得你的想法根本不可行，我的方案才是最佳选择。"她就这样，一条一条地列举自己的理由，完全不给老李插话的机会。

老李试图解释："文丽，你听我说，我的想法是……"但文丽根本不听，直接打断："你那想法太不现实了，我的方案才是对的。"她就这么一直说，直到老李不再说话。

会议结束后，文丽觉得自己赢了，但她没注意到，大家都不太开心。她甚至还得意洋洋地说："看吧，我早就说过，我的方案是最好的。"

几天后，项目遇到了问题，需要大家一起解决。但因为文丽之前的态度，大家都不太愿意跟她合作。

文丽开始觉得有点孤独，她想帮忙，但没人愿意听她的。

　　有些时候，争辩是一种执念，与其急于赢下每次争论，不如用高情商的表现去赢得人心。有时候，放下争执，学会倾听和理解，你会发现，世界会因此变得更加宽广。毕竟，谁不喜欢和一个懂得尊重别人的人交朋友呢？

　　试想在日常生活中，朋友之间为一件小事争论不休，表面上你可能赢得了辩论，但之后的尴尬气氛、疏远感，甚至关系的裂痕，都是这场胜利的代价。即使你掌握了所有的证据，能言善辩，也不见得对方会因此心悦诚服。

　　与人交往，就像慢火炖汤，讲究的是耐心与火候，急不得。如果每次聊天你都抱着"我一定要证明自己是对的"的心态，结果往往变成了一场没有硝烟的辩论赛。即便你言辞犀利，逻辑缜密，最终赢得了道理，但很可能失去了对方的情感共鸣。赢得了争论，输掉了关系，这样的胜利并不值得庆贺。

　　人与人之间的交流，关键不是谁对谁错，而是彼此能否感受到尊重和理解。如果每次交谈前，先问自己："我说这话，是想赢得这场讨论，还是想建立一种更深的联系？"就像在烹饪时要分清是在做饭还是在打仗一样，答案其实很明显。沟通不是用来征服对方的，而是为了拉近距离。

　　比如，当朋友兴致勃勃地分享一件小事，而你却急于指出其中的逻辑漏洞，这样的场面岂不是很尴尬？或者，当他们在寻求安慰时，你却开始分析人生哲学，他们只会觉得你不够贴心、不够体谅。

　　赢得道理并不意味着赢得信任和友谊，反而可能让彼此渐行渐远。

下次当你准备表达意见时，停一停，想一想，自己的话能否让对方感到被尊重、被理解。毕竟，沟通的目的不仅仅是传递观点，更是建立情感连接。学会用言语传递温暖，而不是冷冰冰的胜负，让每一次对话成为拉近彼此的机会，而不是制造隔阂的瞬间。

交际攻略

"让人如沐春风的，不是观点的正确，而是态度的温暖。"很多时候，和别人聊天，最主要的目的是能够与对方拉近距离，提升彼此的好感度，而不是为了卖弄自己的学识和口才。

太较真，
你会输得一败涂地

有人问苏格拉底："天与地之间的距离是多少？"

他回答："三尺。"

提问者不解，觉得这答案荒谬，因为人的高度就超过三尺。苏格拉底微笑着解释："所以，要想在天地间立足，就得学会低头。"

"水至清则无鱼，人至察则无徒。"过于苛求完美，太过较真，反而可能失去更多。不少人觉得只有把每件事都做得滴水不漏，才能算是成功。但过分地追求，往往在不经意间就输了。

但是要是太较真了，就容易陷入小事里，看不见大局。就像那个国王，因为一颗钉子的事，把将军给罚了，结果将军一走，国王自己也输了战争。在这种小事上太纠结，可能会让你丢掉更重要的东西。

莉莉是那种连超市购物清单都要按字母顺序排列的人。工作上，这种性格让她赢得了"铁娘子"的称号，但在家里，她的这种一丝不苟却让周围的人有点儿喘不过气来。

莉莉的老公，马克，是个乐天派，总想着怎么让生活更有趣。但莉莉的严格标准经常让他感到头疼。比如，马克的袜子要是没放在洗衣篮里，莉莉就会唠叨："马克，你的袜子又乱扔了，这已经是这个月的第三次了！"

他们的儿子，小丹尼，也感受到了妈妈对完美的执着。他的房间要是不整洁，莉莉就会说："丹尼，你的房间像个战场，快去收拾！"小丹尼只能叹口气，默默地去整理。

有一次，莉莉为了庆祝小丹尼的七岁生日，决定在家里办个派对。她提前几周就开始准备，连邀请函的字体大小都要精确到小数点后两位。派对当天，莉莉忙得像个陀螺，确保每个细节都完美无缺。但是，当一个小朋友不小心把蛋糕弄翻时，莉莉立刻紧张起来，她几乎是命令式地说："哎呀，这怎么办？快，快清理！"完全没注意到小朋友已经快哭了。

从那次后，莉莉爱较真的性格在亲朋好友间传开，大家渐渐疏远她，她的朋友们也不再像以前那样经常来家里玩，马克和小丹尼也觉得家里的气氛有点儿压抑。

直到有一天，莉莉和她的一位老朋友聊天，朋友随口说："莉莉，你以前总是那么随和，现在怎么这么紧张兮兮的？我们都想念那个能和我们一起疯的你。"

这话像一记重锤，敲醒了莉莉。她突然意识到自己对完美的追求可能有点儿过头了。她开始尝试放手，不再对家里的每一件小事都那么较真。比如，马克的袜子偶尔乱扔，她也只是笑笑说："马克，下次记得放好哦。"

随着莉莉的改变，家里的气氛也轻松了许多。马克和小丹尼都觉得家里更温暖了，朋友们也更愿意来家里聚聚。

有时候，对生活的小事太较真，反而会让我们失去更多。学会放松，接受一些小瑕疵，不仅能让生活更加愉快，也能让我们和周围的人关系更亲密。提高情商，不仅仅是在工作上，更在于如何和家人朋友和谐相处。

较真也许会让你在某些方面表现得更加出色，但当这种较真超出了合理的范围时，它带来的往往是焦虑、困扰和无尽的内耗。人生如同一场长跑比赛，重要的不是每一步都要踏得毫厘不差，而是要在保持节奏的同时，懂得适时放松，调整步伐。

太较真，就像是拿着放大镜看世界，把每个小瑕疵都照得清清楚楚，却忘了后退一步，欣赏整幅画的美感。想想看，如果你在做饭时，每放一粒盐都得称一称，那这顿饭得做到猴年马月？生活也是这样，过分纠结于小细节，就会忽略了生活本身的乐趣。

比如，工作中，如果你总是担心报告里的每个逗号和分号，可能会错过更重要的事——比如，客户到底需要什么。或者，在家里，如果你总是跟家人争论谁该倒垃圾，谁该洗碗，那温馨的家庭时光就被这些无谓的争执给破坏了。

"输得起的人，才赢得起。"你需要学会放手，不必在每件事上都争个高低。就像打牌，你不可能总是赢，有时候输了一把，下一把可能手气更好。

生活不是每时每刻都要紧绷着弦，追求卓越是好事，但过度的较真，就像是给自己的心灵装了个紧箍咒，越念越紧。学会适时放松，对事情别太纠结，这才是人生的大智慧。这样，你才能在人生的道路上，走得更轻松，更自在。

交际攻略

太较真，往往得不偿失，人生就像跑马拉松，不是每一步都要跑得最快，而是要懂得调整呼吸，保持节奏，享受沿途的风景。

与人交谈时，
切莫往人伤口上"撒盐"

每个人的内心深处都有一些不愿轻易触碰的痛点，可能是过去的一段伤心往事，或是一段至今无法释怀的经历。

这些痛点就像是一块块未愈合的伤口，经不起再一次的刺激。比如，一个人在婚姻中经历了失败，朋友却无意中提起"失败的婚姻都是因为当事人自己不够努力"；或者，一个人在职场中遭遇了不公平的待遇，别人却轻描淡写地说"都是因为你不够强大"。这些话语看似无意，却无异于在别人的伤口上"撒盐"，只会让本已痛苦的人更加难过。

古人有言："良言一句三冬暖，恶语伤人六月寒。"人们常常会低估了自己言语的力量，却高估了对方的承受力。正如你不愿让自己的伤口被揭开、再度受痛，别人也同样不愿意在伤口上再添一把"盐"。

叶眉是个性格直来直去的女孩，朋友们都挺喜欢她这点。不过，直爽有时候也会带来麻烦。

有一天，叶眉的好朋友小静约她去咖啡馆坐坐。小静最近刚和男朋友分手，心情挺低落的。叶眉一见到小静，就大大咧咧地问："嘿，你那个前男友怎么样了？听说他现在又有新欢了？"小静听了，脸色一下子就沉了下来，嘴角的笑容也凝固了。

叶眉没注意到小静的表情变化，还继续说："不过，你们都分手这么久了，你应该早就看开了，对吧？"小静的眼泪都快掉下来了，她哽咽着说："叶眉，我真的很难过，这事儿没那么容易就放下。"

叶眉这才意识到自己可能说错话了，她赶紧停住，尴尬地说："哎呀，我不是那个意思，我只是……只是想让你别太难过。"

后来，叶眉和其他朋友聊天时提起了这件事。朋友们告诉她："叶眉，你有时候说话太直接了，虽然你是好心，但这样的话可能会让人觉得你不太理解他们的感受，尤其是在他们心情还没平复的时候。"

叶眉听了，心里挺不是滋味的。她开始反思自己的言行，意识到有时候，倾听比说话更重要。尤其是在朋友需要安慰的时候，更应该小心翼翼，不要无意中伤害了他们。

从那以后，叶眉变得更加细心了。她学会了在说话前先考虑一下对方的感受，不再那么直接。她明白了，有时候，一个温暖的拥抱或者一个安静的陪伴，比任何话语都更有力量。

与人交谈时，一定要避免触碰别人的痛处。真正的友谊，需要建立在相互尊重和理解的基础上。在展现自以为的幽默之前，最重要的是先考虑对方的感受，不要让无心的话语成为伤害他人的利刃。

当然，交谈中的"撒盐"并不一定是恶意的，但其后果却可能是深远的。比如，一个朋友在遭遇经济困难时，你突然提起了自己的财富和成功，无意中凸显了他的窘境；或是一个人在经历亲人的离世，而你却谈起了自己家庭的幸福与美满。

这些言语，尽管没有恶意，但在不合时宜的时候说出来，就像是在别人已经疼痛的心灵上，再次撒了一把盐，往往让对方感到更加孤立无助。

人生的旅途上，每个人都在负重前行，有些伤口可能并不为人知。你无法轻易判断别人承受了什么，但能做到的是，在与人交谈时，选择温和而包容的方式，避免往别人的伤口上撒盐。

毕竟，人与人之间的交流，更多的是为了相互理解，而不是相互伤害。正如一句老话所说："善待他人，即善待自己。"在言语上多一些善意与谨慎，你会发现，世界也会对你温柔以待。

交际攻略

与人交谈时，保持一种温柔的心态很重要。敏感的话题，尽量绕开；对方的痛点，尽量不碰。让言语成为一种温柔的力量，既不刺痛别人，也能传递出关怀和理解。

微信扫码
❶ AI贴心闺蜜
❷ 成长必修课
❸ 情商进阶营
❹ 幸福研讨室

Women's
Social Strategy

第四章

女人可以感性，但不可以放纵自己的小情绪

情绪如潮水，需有理智之堤。面对波折，应以冷静克制，不让情绪泛滥。如此，方能保持内心平和，赢得他人尊重，让生活更加和谐美好。

情绪稳定，
运气好生活也会顺

　　情绪这东西，就像天气预报，有时候阳光灿烂，有时候乌云密布。它们是生活给予的即时反馈，是对这个世界的直接反应。

　　每个人都有自己的情感气象，从开心地哈哈大笑到伤心得泪流满面，每一种情绪都是人生故事中不可或缺的篇章。

　　管理情绪，就好比学会了在生活的大海上掌舵。当你能够在波涛汹涌中保持冷静，就能吸引那些愿意乘风破浪的伙伴。情绪的稳定，不是变得冷漠无情，而是一种成长的标志，一种让你能够和周围的人和睦相处的能力。

　　岁月的流转，不仅积累了一堆乱七八糟的知识和经验，更重要的是，学会了怎么和自己的情绪和平相处。想想小时候，可能因为一块糖掉地上就能哭得稀里哗啦，但现在，学会了用更成熟的方法来面对生活的起伏。成年人的世界，并不是没有情绪波动，而是学会了不让这些波动把自己掀翻。

对于女孩来说，感性是天赋，但学会控制情绪同样重要。情绪的波动，如果不加以管理，就可能影响到你的人际关系。记住，情绪本身不是问题，问题在于如何表达它们。

网络上有一句话："都是第一次做人，凭什么要让着你？"但换个角度想，如果能够控制自己的情绪，不让它们成为他人的负担，那么社交圈将会更加和谐，你也会得到更多人的尊重和喜爱。

有人喜欢林黛玉的多愁善感，有人欣赏薛宝钗的世故圆滑，有人偏爱史湘云的直率大方，还有人敬佩王熙凤的精明能干……无论你爱谁，其实就是她们的故事引起了我们的共鸣，因为在她们身上，我们看到了自己的影子，或是那些我们渴望迈出却又不敢迈出的那一步。

当然，这些角色都有自己的缺点。比如林黛玉，她的敏感和情绪化，虽然让她显得真实动人，却也让她在某些人眼中显得难以亲近。

有人说："林妹妹让人心疼，但要是真的娶回家，那可就麻烦了。"这大概是因为她的小脾气和自我中心的态度。

林黛玉的世界里，似乎只有自己的感受最重要。她总是抱怨命运不公，对那些关心她的人也时常挑剔。对于那些不在乎她的人，她更是尖酸刻薄。她的泪水，一开始或许能赢得同情，但时间一长，人们就会感到厌烦，不再关注她的委屈，只觉得她的哭泣让人心烦。

虽然很多人为林黛玉的眼泪而感动，但是冷静下来思考一下，才明白贾家为何会选择宝钗作为宝玉的妻子。宝钗的大气和智慧，才是真正能够支撑起一个家族的。

书中的宝钗，是一位典型的大家闺秀。她性格开朗，待人和气，总是能为他人着想，与人方便。哪怕她有时显得有些自私，那也是出于对自己利益的考虑，而且她的高情商总能让她在不伤害他人的前提下，实现自己的目标。如果贾家没有衰败，也只有像宝钗这样的女人，才能撑起这个大家庭的重担。

在爱情中，有些女孩喜欢扮演林妹妹，她们觉得林黛玉这我见犹怜的模样一定会招人爱怜，自然也会将林黛玉的小脾气学到。

用自己的情绪来表达爱意，这样的小情绪，偶尔可以增添生活的色彩，但长期下来，可能会让人感到疲惫。身为女孩，偶尔撒娇可以，但更多的时候，要做宝姐姐，因为生活不只有爱情，还有工作、朋友和自我成长。那么，如何培养稳定的情绪呢？

要学会控制自己，找到合适的情绪出口。比如，当你感到高兴时，可以和家人分享这份喜悦，但不要过度炫耀；当你感到伤心时，可以选择写日记或者画画米表达情绪，而不是随意发泄。

每天早晨，对着镜子笑一笑，给自己一个积极的开始。如果你心情不好，不妨找个朋友倾诉，或者去海边散步，让海浪的声音带走你的忧愁。这样，你不仅能释放自己，还能增进与朋友之间的情谊。

情绪需要出口，这是不争的事实。比如，职场女性可以在下班后参加瑜伽班，通过呼吸和体式的练习来释放压力；家庭主妇可以在孩子上学后，独自去公园散步，享受一段独处的时光。

不要一直忍耐，那样只会让情绪积压，最终爆发。找个知心的人倾诉，或者通过运动、写日记、绘画等方式，让负面情绪得到释放。比如，你可以在健身房挥汗如雨，或者在画室尽情创作，让情绪随着汗水或画笔流淌。

一个成熟睿智的女性，能够永远控制自己的情绪。不怒自威，不辩自清，这是你应该追求的境界。试着运用"情绪挪移大法"，比如，当你感到焦虑时，可以练习深呼吸，将注意力转移到呼吸上；当你感到愤怒时，可以写一封信，把愤怒的情绪倾诉在纸上，然后再撕掉它，释放情绪。

情绪稳定，运气自然好，运气一好，生活也会顺。你要成为情绪的主人，用平和的心态去迎接每一个日出日落，你会发现，生活处处都有美好。当你学会管理情绪，你会发现，每一天都是新的开始，每一刻都充满了可能。

交际攻略

在生活中，用智慧和冷静去驾驭每一次情绪的波动，你会发现，当你能够自如地管理情绪时，你的生活将会更加丰富和精彩。

过度矫情就是"作"
这样的女人迟早会吃大亏

　　你可曾在街头巷尾，或是朋友聚会上，遇见过这样的场景：一位女孩，因为一点小事就情绪爆发，仿佛整个世界都围绕着她的不快旋转。这样的人"茶里茶气"，在不经意间流露出一种渴望被关注的姿态，哪怕在众目睽睽之下，也毫不掩饰自己的小情绪。

　　这是她们屡试不爽地获得关心的方式，但是，她们却不知道，她们以为通过放大自己的情绪，就能吸引他人的注意，却忽视了真正的关心是建立在相互理解和尊重之上的。

　　这种"作"，虽然可能一时有效，但长远来看，却可能让人敬而远之。在咖啡馆里，邻座的女士因为男友迟到了五分钟而大发雷霆，声音大到连咖啡豆都能感受到她的不满。这便是"作"，一把双刃剑，一开始可能让人觉得被关注，被需要，但时间一长，却可能割伤了双方的感情。

　　过度的矫情，就像是一杯加糖过多的咖啡，初尝甜蜜，却容易腻味。它会让你忘记感情是建立在相互理解和尊重的基础上的。感情不是一场表演，不需要过度夸张地表达自己的情绪，以求得他人的关注和同情。

　　小美是个充满活力的女孩，但她在感情中的"作"却让男朋友田强感到疲惫。

　　一次约会，田强因为工作原因迟到了，小美在餐厅里等得不耐烦，一见到他就撅起了嘴："你怎么才来啊？是不是我对你来说一点都不重要？"田强连忙道歉："对不起，小美，工作实在走不开。"但小美却不依不饶："你总是忙工作，我看你心里根本就没有我！"

　　田强无奈地叹了口气，为了哄她开心，他买了她最爱的蛋糕。小美这才稍微缓和了脸色，但嘴里还是嘟囔着："下次再这样，我可不原谅你了。"

　　不久后，田强为了弥补，给小美买了一条她曾提过的裙子作为生日礼物。他满怀期待地递给她，却没想到小美的反应是失望："这就是你给我的生日礼物？我上次明明说我喜欢的是那条限量版的手链。"田强愣住了："我以为这条裙子更适合你。"小美却不领情："你根本就没把我的话放在心上！"

　　在朋友的聚会上，田强和小美也遇到了尴尬。田强和朋友们聊得开心，小美却觉得被忽视，拉着田强质问："你怎么不陪我？是不是觉得和我在一起很无聊？"田强解释说："没有啊，我只是很久没见朋友们了。"但小美却不买账："那你跟他们过去吧，我回家了！"说完，她转身就走，留下田强在原地尴尬不已。

最终，田强感到疲惫，决定和小美分手。他认真地说："小美，我爱你，但我也需要被理解和尊重。你的每一次不满和猜疑，都让我感到很累。"小美哭诉："你是不是不爱我了？你怎么可以这么狠心？"田强摇摇头："不是不爱，是太累了。我们需要的不是无尽的索取，而是相互的理解。"

过度矫情不仅会让自己感到疲惫，也会让身边的人感到压力。真正的感情，是建立在相互理解和尊重的基础上的，而不是通过"作"来索取的。学会适度表达情感，用理解和尊重去建立和维护关系，才是感情长久的秘诀。

一个聪明的人，无论男女，都会明白什么是生活中真正重要的。他们会懂得在适当的时候放下不必要的情绪，去珍惜那些真正值得珍惜的人和事。因为他们知道，在感情的世界里，过度矫情注定是输的一方。

学会适度，是一种智慧。它让你在人际交往中更加从容，让你的情感表达更加真挚。当懂得这一点时，生活也会变得更加轻松与和谐。不要再为了吸引注意而刻意"作"，而是通过真诚和尊重来赢得他人的理解和尊重。

生活不是一场表演，不需要时时刻刻都在舞台上，真正的生活，需要的是真诚和坦率，需要的是对彼此的理解和尊重。放下矫情的面具，用真实的自我去面对生活，去建立那些基于相互理解和尊重的深厚关系。这样，生活才会更加和谐，内心也会更加充实和平静。

交际攻略

一个聪明的女人，会明白什么是真正重要的，会懂得什么时候该放下不必要的情绪，去珍惜那些真正值得珍惜的人和事。

你可以愤怒，
但更要压住自己的坏脾气

生活中，每个人都可能遇到让人火冒三丈的事情。可能是老板无理的批评，同事不公的指责，或是路上司机的粗鲁行为。愤怒，就像是心里的一把火，它告诉我们，有些事情不对劲。这股火，有时候是必要的，它提醒我们站出来维护正义。

但火如果不管不顾地烧，就会失控，可能会烧毁自己，也可能会伤害到周围的人。就像亚里士多德说的，生气容易，但要生得有道理、有分寸，那就难了。我们不是要压抑这把火，而是要学会控制它，别让它乱烧。

想想看，如果你因为一时的愤怒，对朋友或者家人发火，那些伤人的话一旦说出口，就像泼出去的水，收不回来了。你可能只是想表达不满，但结果却可能让大家的关系变得紧张。

有时候，我们觉得发脾气能让自己心里痛快，但这种痛快是短暂的。比如，工作不顺心，对同事大吼大叫，可能当下你觉得出了口气，但回头再看，这并不能解决问题，反而可能让同事对你敬而远之，影响团队的合作。

在一辆颠簸的乡村长途客车上，乘客们各自忙碌着：有的低头刷手机，有的望着窗外发呆，还有的轻声和身边的孩子说话。车厢里的气氛平静而慵懒。

突然，一个清脆的声音打破了这份宁静："请问，这是去杨村的车吗？"说话的是一个看起来20岁出头的女孩，手里紧握着地图，眼神里带着迷茫。

售票员大姐，大约40岁，原本闭目养神，被这突如其来的问题打扰，显得有些不耐烦。她斜眼看了女孩一眼，冷冷地说："你已经坐过了，刚才那站就是杨村。"

女孩一听，急了："什么？我怎么不知道？你为什么不提醒我？"她的声音里带着明显的焦虑和不满。

售票员大姐睁大了眼睛，语气生硬："你自己看地图都看不懂，还指望谁提醒你？"

女孩不甘示弱，回击道："我是看不懂地图，但你是售票员，难道不负责报站吗？你这是什么态度！"

"你这小姑娘怎么说话呢？我这么大岁数，你就这么跟我说话？"售票员大姐的声音也提高了。

两人你来我往，火药味越来越浓。车厢里的其他乘客开始窃窃私语，但没人敢插手。这时，一位老大爷站了起来，打破了僵局："算了算了，姑娘，下一站耿家庄下车，再坐回城的车吧。"

女孩听了，虽然心里还是不痛快，但也没再说什么，狠狠地瞪了售票员大姐一眼，转身回到了座位上。

但售票员大姐似乎并不打算就此打住，她看着女孩的背影，嘲讽地说："现在的年轻人啊，真是没教养。"

女孩听到这话，火气又上来了，她猛地站起来，大声反驳："你说谁没教养呢？你这么大年纪，说话就这么难听吗？"

两人的争吵愈演愈烈，最后甚至动起了手。周围的乘客赶紧上前劝阻，但无济于事。司机不得不停车，严厉地说："你们两个，要么住手，要么都给我下车！"

在司机的呵斥下，两人才停止了争吵。车厢里恢复了平静，但空气中仍然弥漫着尴尬和不快。

愤怒是人之常情，但坏脾气却会给我们带来麻烦。在面对不公或冒犯时，我们可以选择冷静地表达不满，也可以选择用愤怒的火焰燃烧自己和他人。学会控制脾气，用理性和沟通解决问题，才是成熟的选择。毕竟，生活不是战场，我们不必为了一时之气，而让自己陷入困境。

在生活的旅途中，我们难免会遇到让自己热血沸腾的时刻。就像那位年轻姑娘和售票员大姐的冲突，我们不必过多评判谁对谁错，而是要从中汲取教训：为何要让一时的怒火，损害自己的形象和尊严？

争执过后，当我们转身离开，周围的旁观者们或许已经开始议论纷纷。他们可能会说售票员态度不佳，但更多的批评可能会指向那位年轻的姑娘。因为在她开口反击的那一刻，她已经失去了更高层次的辩论场地。

俗话说"狗咬狗一嘴毛"，当争执发生时，如果以同样的方式回应，我们便降低了自己的格调。就像如果狗咬了你一口，你若反咬一口，人们不会同情你，反而会觉得你失去了理智。姑娘，控制好自己的情绪，有时候沉默是金，它能让你显得更有深度，而压制自己的火气，能让你的气质永远不倒。

当然，每个人都有情绪波动，女性也不例外。在每个女性内心深处，都藏着一丝孩子气，希望在想哭时不必压抑，在想笑时不必拘束。偶尔的情绪释放，无损于人，但若在不适当的场合、对不适当的人、用不适当的方式发泄，就会让人感到厌烦。

有人说："女人发脾气的时候很丑。"这话虽直白，却道出了一个事实，发脾气只是情绪的宣泄，它解决不了问题，反而可能让事情变得更糟。一个成熟、智慧、优雅的女人，绝不会让坏脾气破坏自己的形象。幸福的女人，就像平静的湖水，没有波澜，却自有一番动人的景致。

一个人的威力不在于愤怒的爆发，而在于控制愤怒的能力。在生活的舞台上，让我们以平和的心态，展现出最美的自己。这样，我们不仅能够赢得他人的尊重，更能享受到内心的宁静和幸福。

交际攻略

当我们感到愤怒的时候，不妨先深呼吸，给自己一点时间冷静下来，生活不是战场，我们不必用愤怒去对抗每一个不如意。学会控制愤怒，用理性和沟通去化解矛盾，这样我们的道路会越走越宽，人际关系也会越来越和谐。

别让嫉妒冲昏头脑，
作出伤人害己的傻事

有人说，女人天生就容易嫉妒，这话或许有点偏颇，但谁又能说自己从没嫉妒过别人呢？问题在于，当嫉妒涌上心头，我们该如何处置这种情绪。

嫉妒就像是一道不经意间划过心头的阴影，冷不丁地让人感到一丝不快。如果因为嫉妒而让自己变得焦躁不安，甚至作出一些损人不利己的事，那可真是太不值得了。

当你在朋友圈看到别人晒出的旅行照片、美食大餐，或者恩爱的场景，心里难免会有点小波澜。这时候，如果我们任由嫉妒的情绪泛滥，不仅自己心里难受，还可能给人家冷嘲热讽，甚至作出更过分的事。

别忘了，人家晒幸福，本意是想分享喜悦，收获赞美，如果我们因此而失去理智，岂不是正好落入了别人的"圈套"？

记得那个给白雪公主送毒苹果的继母吧？小时候听这个故事，我们可能只觉得白雪公主真可怜。但长大后再回味，你会发现，真正可怜的是那位继母。

她干吗非要和白雪公主比美呢？那面魔镜，不就是她那颗善妒的心吗？当白雪公主在森林里和七个小矮人玩得不亦乐乎时，她却在阴暗的房间里愤怒地研制毒药；当白雪公主和王子幸福地生活在一起时，她却孤独地抓狂。

嫉妒一个不该嫉妒的人，可能会毁掉自己的一生。女人啊，有时候就是不满足，哪怕自己已经拥有了很多，也总觉得别人的更好。这种心态，不仅让自己心里难受，还可能让原本的幸福悄悄溜走。

李晓菲和赵小朵是同学，现在又是同事，大家都觉得她们的感情像姐妹一样亲密，但实际上，晓菲心里对小朵总是有些戒备。小朵似乎总是嫉妒心重，这让晓菲不自觉地与她保持了一定的距离。

晓菲喜欢在社交平台上分享生活的点滴，无论是早晨的第一缕阳光，还是周末的郊游，她都会配上几句温馨的话，像是"新的一天，新的开始，加油！"这样的话语让人感到温暖。

但这些在小朵看来，却成了她眼中的刺。每次晓菲一发动态，小朵总会酸溜溜地来一句："哟，又晒幸福呢！"或者更过分的，在背后跟同事说些有的没的："你们看晓菲，整天就知道显摆。"

有一次，晓菲分享了一组大学同学聚会的照片，大家都笑得像花儿一样。小朵却觉得自己被遗忘了，因为她以前的尖酸刻薄让很多人对她敬而远之。看到这些照片，小朵心里的嫉妒之火燃得更旺了，她故意在同事面前说:"看看,晓菲的聚会照,那个男的是她前男友吧?真是的,聚会还见前男友,这种戏码也只有她能玩得出。"

这话很快就在公司里传开了,连晓菲的男友也听说了。晓菲终于忍无可忍,她找到小朵,眼神里满是坚定和愤怒:"小朵,你这是什么意思?我们这么多年的朋友,你就这么在背后捅我刀子?"

小朵却装作一副无辜的样子,眨巴着眼睛说:"晓菲,你怎么这么敏感啊,我只是开个玩笑而已。"

周围的同事都看在眼里,他们开始议论纷纷:"小朵平时看起来挺文静的,没想到这么阴险。""是啊,晓菲平时对她不错,她怎么这样?"

渐渐地,大家都开始疏远小朵,她在办公室里成了那个"见不得人好"的人。每次她试图诋毁他人,都只会让自己更加孤立无援。

嫉妒是一种很危险的情绪,如果不加以控制,它不仅会伤害到别人,更会让自己的心灵变得阴暗。在人生的道路上,我们应该学会保持一颗平和和感恩的心,这才是最重要的。毕竟,生活不是一场攀比,而是一次寻找内心平静和幸福的旅程。

因此,我们要学会控制自己的嫉妒心。当嫉妒的情绪涌上心头时,不妨先冷静一下,换个角度想想。试着去欣赏别人的幸福,为别人的成功感到高兴。这样,我们不仅能够保持内心的平和,还能够赢得他人的尊重和友谊。

那些嫉妒心强的朋友们,其实都是在跟自己过不去。别人晒个新包包,你就想,哎呀,我啥时候能有这么个宝贝?但别忘了,你衣橱里那些宝贝，别人可能也在羡慕呢！

想象一下，如果别人晒的是公寓照，而你正坐在自家别墅的阳台上，享受着阳光，你还会对她那点小确幸眼红吗？再比如，别人晒老公送的玫瑰花，而你和你的另一半正计划着周末的浪漫晚餐，你还会对她的那束花耿耿于怀吗？

女士们，咱们得有点儿大视野，别总在自己的小世界里转圈圈。世界那么大，精彩那么多，别让自己的眼界只停留在别人的"秀"上。你站在桥上看风景，看风景的人在楼上看你。咱们每个人都是别人眼中的风景，不是吗？

打破自己的小圈子，去看看外面的世界吧。当你见识多了，自然就能更客观地看待一切，对自己也会有一个更准确的认识。别让嫉妒成为你生活的背景音，那会影响你享受生活的节奏。

交际攻略

幸福从来不是比出来的，而是自己内心的一种感受。别让嫉妒蒙蔽了双眼，作出伤人害己的傻事。让我们以一颗宽容和欣赏的心，去拥抱生活，去感受属于自己的幸福。

仇恨就是在焚烧自己，
而宽容才是你涅槃重生的燃料

　　女性之美，常被赞美为温文尔雅、柔情似水，但有时，她们的小心眼却成了别人眼中的缺点。特别是当这种小心眼变成了记仇，那就真的有点儿得不偿失了。

　　说到底，记仇就像是在自己心里放了一把火，不仅烧伤不了别人，反而把自己烧得遍体鳞伤。想想看，情侣间的争吵，本来可以就事论事，解决问题。但很多时候，情绪一上来，陈芝麻烂谷子的事都被翻出来，结果越吵越复杂，什么问题也解决不了。

　　男人们最头疼的就是这一点，他们觉得这是女人记仇的表现，而这些"仇"，往往只是一些没来得及化解的小疙瘩。

　　但别忘了，每次提起这些往事，女人自己心里也不好受。她们每说一次，心里就像被针扎了一下。因此，女人啊，何必这么苦自己呢？如果那些事情你原谅不了，那就干脆忘了它。别让这些小火星，慢慢燎原，烧伤了你的心。

生活也好，工作也罢，宽容的女人总是能走得更远。就像巴尔扎克说的："女性的同情与温柔，有磁石一样的吸引力。"当一个女人温柔宽容，她的世界会充满正能量，朋友圈也会更加纯正。

宽容不是你对别人的恩赐，而是你自己心灵的解药。当你学会放下那些不愉快，你的心就会像凤凰涅槃一样，获得重生。因此，何必让仇恨的火焰将自己焚烧呢？宽容才是让你心灵重生的燃料。

雅琪个子娇小，长发飘逸，总是带着一种温婉又坚韧的气质。无论是在忙碌的办公室，还是温馨的家中，雅琪总是以她的平和和宽厚感染着每一个人。

雅琪的丈夫对她的爱深沉而细腻，两人的婚姻生活经过岁月的沉淀，越发显得醇厚。有一次，两人因为一件小事意见不合，雅琪的丈夫忍不住提高了嗓门："这事儿你怎么就这么固执呢？"雅琪却只是轻轻一笑，柔声说："我们能坐下来，慢慢谈吗？每件事都有它的两面性。"她的态度总能化解紧张的气氛。

在家里，雅琪是那个总能用一盆绿植、一首琴曲，让心情变得宁静的人。在邻里之间，她也是那个能用三言两语，化解矛盾的和事佬。有一次，邻居张大妈和王大婶因为一些小事争执不休，雅琪走过来，轻声说："大妈大婶，咱们邻里之间，和和气气最重要，有什么事不能坐下来好好说呢？"她的话语就像春风化雨，让人感到舒心。

在职场上，雅琪同样以她的真诚和宽容赢得了同事们的尊重。她总是乐于帮助新人，一次，新来的实习生小赵遇到了难题，急得团团转，雅琪走过来，微笑着说："小赵，别急，我来看看。慢慢来，谁都有不熟悉的时候。"她的帮助和鼓励让小赵感到温暖。

然而，生活总有不如意的时候。一次，雅琪不慎扭伤了脚，不得不在家休养。这期间，她的同事们纷纷前来探望，有的带来了自家煲的汤，有的送来了小礼物，还有的在下班后留下来陪她聊天。领导也来了，关切地问："雅琪，你的脚怎么样了？需要什么就告诉我们。"雅琪笑着说："谢谢大家，我很好，有你们在，我觉得很温暖。"

仇恨就像自己心里的一把火，烧伤的最终还是自己。而宽容，就像涅槃重生的燃料，能让人在困境中焕发出新的光彩。在这个复杂的世界里，保持一颗宽容的心，我们才能收获更多的爱与和平。

一个女人如果拥有宽容的心，她的魅力就会像磁铁一样吸引周围的人。这样的人的存在，就像是喧嚣中的一抹宁静，让人感到安心和舒适。她们的亲和力，让人不自觉地放下浮躁，抛开计较和虚荣。与她们相处，就像沐浴在自然、淳朴的氛围中，轻松而愉悦。

那么，怎样才能成为一个宽容且有魅力的女人呢？首先，就是要时刻保持微笑。笑容是最简单的社交工具，也是最强大的。常言道："伸手不打笑脸人"，当你用微笑去面对世界，你的善意也会感染周围的人，让人难以抗拒。一个真正高雅的女人，不是高高在上，而是亲切、平易近人。

接下来，要学会宽容。生活中，尖酸刻薄的话语往往最伤人。而一个宽容的女人，她的平和态度不仅能让人感到舒适，也能让自己保持好心情。好心情是最好的化妆品，它能让你更加美丽，也能扩大你的朋友圈。当你体谅别人的难处，别人也会感受到你的善意。

拥有一颗宽容的心，对生活和工作都会有不同的感悟。用柔情去爱生活，用宽宏大量去对待工作。对于那些心中的疙瘩，与其让它们像火一样焚烧自己，不如选择忘记。当你选择放下，整个人就会变得轻松，生活也会变得更加愉快。

交际攻略

宽容不仅是一种美德，更是一种智慧，它能让你在人生的道路上，无论遇到什么困难，都能如凤凰涅槃，浴火重生，绽放出更加耀眼的光芒。

你的心有多大，
世界就有多宽广

生活里，我们常听说女孩子心细如发，感性得不得了，她们喜欢琢磨身边的点点滴滴，对每件事都爱往心里去。就像《红楼梦》里的林黛玉，别人的一举一动，她都能琢磨出个所以然来，生出许多不满。

其实，最好的相处之道，不是互相迁就，而是坦诚相待。女人的心可以细腻，但心胸不能狭窄。心眼小的女人，总是爱计较，这种计较让人不舒服，她们天天为鸡毛蒜皮的事烦恼，抱怨连天。跟这样的人相处，你得时刻提防，一旦触碰到她们敏感的神经，她们可能就会记恨在心。

而且，心眼小的女人，对自己也是一种折磨。她们活在自己的不快乐中，心里可能还会滋生出仇恨和报复的念头，这样的心理，只会让自己越来越痛苦，像是在悬崖边徘徊。小心眼，损人不利己，何必呢？

倒不如心胸开阔一些，把心放宽。当你的心胸宽广了，你会发现，世界也随之变得宽广。不再为小事烦恼，不再为别人的一言一行纠结，生活自然就轻松愉快了。

陈晓是一个 27 岁女孩，同事们跟她相处时都得小心翼翼，因为大家都知道她"小心眼儿"。

她总能在芝麻绿豆大的小事上找到委屈，每次觉得被冒犯了，她就会趴在工位上默默地流泪。起初，大家还会上前安慰她，但时间一长，也就习以为常，不再特别关注了。

有一天，陈晓去前台打印文件，前台的同事正忙着接待客人，没注意到她。陈晓没上前询问，也没自己打印，而是把文件往桌上一摔，声音大得把前台同事吓了一跳。

"我等半天了，你们是没看见我吗？"陈晓带着哭腔说。

前台同事连忙道歉："哎呀，陈晓，真不好意思，我们忙着接待客人，没看到你。"

"那现在呢？"陈晓不依不饶，"我就站在这儿，你们就当我不存在吗？"说完，她抓起文件，哭着跑开了，留下前台同事面面相觑。

还有一次，公司完成了一个大项目，总监提议聚餐庆祝，并让大家写想吃的东西。陈晓兴奋地写下了"日料"。但总监提议吃烧烤，认为聚会要的是气氛。

陈晓一路上都闷闷不乐，觉得总监故意不选她写的。聚餐时，大家都在开心地聊天，她却一个人默默地流泪。同事们关心地问她怎么了，她抽泣着说："我写了日料，总监就说我不团结，不注重团队。"

总监一头雾水："我什么时候说你不团结了？"

陈晓却坚持说："你就是那个意思。我选日料是想让大家安静享受，你却说重要的是气氛，就是说我选得不好。"

总监只好笑笑，继续和其他人聊天，留下陈晓一个人难过。

坐在陈晓旁边的安妮看不下去了，劝她说："别那么敏感了，老猜别人心思，自己也不快乐。"

陈晓却不领情，反问："你是说我小心眼？"

安妮见状，只好闭嘴，心里想：陈晓的心胸太狭窄了，她不知道，这个世界其实比她想的要宽广得多。

就像那句老话说的，"心宽体胖"，如果你总是为了点小事斤斤计较，那你的生活也就只能在这些小事里打转。想想看，如果你整天都在为谁多拿了一张纸巾、谁又多占了一点便宜而烦恼，那你哪有心情去享受生活的美好呢？

女孩子们，我们得有点大格局。生活不是小家子气的计较，而是大气的包容。在复杂的社会中，如果你总是为了一些小事纠结，那你的心胸就会变得越来越小。放宽心，让自己的胸襟大一点，你会发现，世界其实很宽广。

与人相处，宽容是金。别因为一点小摩擦就记恨在心，那样只会让你处处树敌。真正的聪明人，懂得用宽容化解矛盾，把对手变成朋友。记住，你可以在亲密的人面前任性，但一旦走进社会这个大家庭，就得学会把自己的心放大一点。

面对问题，洒脱一点。人生就像过山车，总有起起落落。小时候，我们有父母撑腰，但长大了，我们就得学会自己扛。遇到问题，别慌，一件件解决。别让情绪左右了你，因为没人会替你承担，也没人会因为你的情绪而帮你。

对自己好一点，别总是找别人的麻烦。有些人总觉得自己吃亏，总觉得自己在受委屈，于是对周围的人都心存芥蒂。但最后烦恼的，还不是自己？一个豁达的人，不会让自己陷入迷茫之中。

难得糊涂，是一种大智慧。

交际攻略

> 别因为一点小事就让自己陷入烦恼，放宽心态，让自己大气一些，不自卑、不自傲，不失节、不疑人，对事细心，处事大气。当你的心胸宽广了，你会发现，生活其实可以很简单，很美好。

微信扫码

① AI贴心闺蜜
② 成长必修课
③ 情商进阶营
④ 幸福研讨室

Women's
Social Strategy

第五章

见微知著，做交际场上的有心人

有心人，总能在细微之处见真情，让每一次交际都充满温暖与感动。如此，方能在交际场上游刃有余，成就非凡人生。

怎么透过眼睛，
读懂你对面的人

  我们的交流工具箱里装满了各式各样的道具：言语、表情、肢体动作，每一样都能传递信息。但如果你细心观察，就会发现，眼神交流才是那个隐藏的超级大 boss。一个充满情感的眼神，就像是无声的交响乐，能在不经意间触动人心。

  比如，你和某人聊天，他们的眼神里闪烁着真诚和善意，哪怕他们话不多，你也能感受到那份温暖。就像冬天里的一杯热可可，暖到你心里。反过来，如果一个人眼神躲躲闪闪，或者冷冰冰的，哪怕他们嘴里抹了蜜，你也可能觉得心里毛毛的。

  眼神这东西，就像是心灵的 X 光机，能看透一个人的内心深处。一个坚定的眼神，就像是在说："我行，我可以！"一个温柔的眼神，就像是在说："我懂你，别担心。"

  因此，下次和别人聊天的时候，不妨多留意对方的眼睛。如果他们的眼神里满是好奇和兴趣，那说明他们是真的对你感兴趣，想要和你建立联系。

这就像是在说："快告诉我你的故事，我洗耳恭听。"但如果他们的眼神总是飘忽不定，可能就意味着他们的心思飞到了九霄云外，或者他们对你们聊的话题打了个大大的哈欠。

眼神是我们沟通中的无声语言，有时它比话语更能传递情感。掌握眼神交流的艺术，不仅能让对话更有深度，还能让彼此的联系更加紧密。毕竟，一个眼神有时能胜过千言万语。

周梅是个特别细心的人，她总能通过别人的小动作察觉到一些微妙的变化。一次，她在咖啡馆和朋友见面，刚坐下没多久，发现包里的手机不见了。虽然手机的价值不算高，但里面的联系人和工作资料对她来说非常重要。她立刻买了个新手机，并在朋友圈发了条状态，提醒大家别被捡到手机的人骗了。

几天后，朋友们聚会，大家正好聊起了这件事。一个朋友笑着调侃："周梅，你不是观察力超强吗，怎么连自己的手机都没看住？"大家哈哈大笑，周梅也无奈地摇头："是啊，这次真是栽了个大跟头。"

这时，朋友孙萌萌拍着胸脯说："我就从来不担心这事，小偷看我都绕道走！"她自信满满的样子引得大家又是一阵笑声，周梅笑着打趣："希望你这话别被现实打脸！"

没想到，不久后，孙萌萌的手机还真丢了。周梅突然收到一条"假冒"孙萌萌的短信，内容大致是孙萌萌"遇到麻烦需要借钱"。周梅一看就知道是骗子的把戏，于是立刻给孙萌萌打了个电话。电话响了一声就被挂断了，随后短信回复称孙萌萌"正在手术台上"。周梅瞬间明白，朋友的手机肯定是丢了。

过了几天，大家又在一起聚会。周梅故意用一种揶揄的眼神看向孙萌萌，带着几分调侃："我最近遇到一件挺有趣的事，你们想听吗？"朋友们好奇地围了过来，孙萌萌则有些紧张，眼神游移不定，显然预感到周梅想说的是什么。

"别告诉我，又是丢手机的段子？"孙萌萌忍不住开口。

周梅笑了笑，目光在孙萌萌脸上扫了一圈，眼神中带着调皮："你还真猜对了。你不是上次说，小偷见你都绕道走吗？"

孙萌萌瞬间有些尴尬，笑得有些勉强。她迅速给周梅递了个哀求的眼神，像是在说："别在这儿揭我短了，行吗？"周梅看到她那表情，忍不住笑了出来："行，今天放你一马。"她轻轻点了点头，给了孙萌萌一个安慰的眼神，似乎在说："我们是朋友，这点小事不算啥。"

孙萌萌心领神会，放松了下来，也回了周梅一个感激的眼神，仿佛在说："谢谢你，懂我的心。"

这场看似平淡的互动，其实全靠眼神的默契交流来化解了尴尬。两个人话没说几句，却通过彼此的眼神传达了情感——周梅从孙萌萌躲闪的眼神里读出了她的不安，而孙萌萌也从周梅的眼神里感受到了她的理解与体谅。

眼神是心灵的窗口，它能表达很多言语无法传达的东西。在与他人交流时，多留意对方的眼神，你会发现，那些没有说出口的情感，都藏在其中。读懂对方的眼神，就是读懂他们的内心世界。眼神交流不仅是沟通的工具，更是增进感情的桥梁，让彼此更加亲近。

眼神是内心情感的一扇窗，透过它们，我们可以窥见一个人的真实心情。比如，当一个人眉开眼笑，眼睛闪烁着光芒，那通常是快乐和兴奋的信号；相反，如果他的眼神黯淡无光，甚至带着些许忧伤，那很可能是心情低落或有些难过。

你的朋友在讲述一个笑话，他的眼睛里满是戏谑和期待，那他此刻的心情无疑是轻松愉快的。而如果在一个严肃的场合，一个人的眼神坚定而有力，这通常表明他对自己的立场充满信心，甚至可能有些固执。

再比如，当你看到一个人眼神游离，似乎在四处张望，这可能意味着他感到不安或焦虑，可能在寻找出口或寻求帮助。而当一个人在对话中眼神温柔，充满关怀，那他很可能是在表达同情或理解。

在一次聚会上，如果你发现某人的目光总是不自觉地回到某个人身上，那他可能对那个人抱有浓厚的兴趣或好感。而如果一个人在谈话中眼神闪烁，快速眨眼，这可能是紧张或试图掩饰某些事情的迹象。

通过观察这些细微的眼神变化，我们可以更好地理解他人的内心世界。无论是在工作场合还是日常生活中，学会读懂眼神，都是一种非常有用的社交技能。它可以帮助我们建立更深层次的联系，更准确地感知他人的情绪和需求。

毕竟，一个眼神，有时胜过千言万语。

交际攻略

眼神交流不仅仅是一种沟通方式，更是一种情感的连接，通过眼神，我们可以感知对方的真诚、信任、喜悦或悲伤，所以，试着透过眼睛，去读懂你对面的人。

他在微笑，
但为什么笑不及眼底

有些人笑起来，那是因为他们心里真的乐开了花，他们的笑是从心里暖到脸上，就像冬天里的一杯热巧克力，既温暖又甜蜜。但不是每个微笑都是因为心里乐呵呵，有时候，它只是个面具，用来掩饰不想被人看见的情绪。

《三国演义》里，曹操曾说过："宁教我负天下人，休教天下人负我。"这句话虽然极端，却揭示了人性中隐藏的一面——有些人表面上对你笑脸相迎，背地里却可能正在谋划着如何利用你。我们常常防备那些看上去凶神恶煞的敌人，却忽略了那些"笑里藏刀"的小人。这种人往往更加可怕，因为他们的伪装让你难以察觉，甚至你在不知不觉中已经落入他们的圈套。

特别是对女人来说，心地柔软、天生善良的特质往往让她们更容易成为笑里藏刀之人的目标。因为她们习惯以善意的角度揣摩他人，很容易被甜言蜜语和虚假的友好迷惑。女人善于感知别人的情感波动，容易对他人产生同情和关怀，这种天性本无可厚非，却也让她们在面对伪装的"小人"时，失去了防备之心。

孙蕾，人人称美的幸运儿。从小到大，她的成绩总是名列前茅，家庭幸福，性格也温柔。她顺利地考上了一所重点大学，毕业后又找到了一份理想的工作。但最近，她遇到了一些麻烦。

刚进公司那会儿，孙蕾带着一股年轻人的冲劲。在一次会议上，她大胆地对一位领导的计划提出了不同意见。那位领导当场就给她鼓掌，还对大家说："孙蕾真是个难得的人才。"孙蕾心里美滋滋的，觉得这位领导就是她职场上的贵人。

可她哪里知道，这位领导其实是个两面三刀的人。表面上，他总是对孙蕾赞不绝口；背地里，他却经常在上级面前说孙蕾的坏话。有一次，孙蕾在工作中犯了个小错误，领导不但没有指出来，反而还夸奖她："干得不错，年轻人犯错很正常。"

孙蕾被领导的甜言蜜语蒙蔽了双眼，结果导致公司损失了一大笔钱。当事情败露后，领导却还在那儿假惺惺地安慰她："没事的，年轻人都会犯错。"

等到孙蕾终于看清了领导的真面目，一切都已经太晚了。公司高层对她失去了信心，她收到的不是升职通知，而是一纸解聘书。

职场上并不是每个人都像表面上看起来那么友好。有时候，那些甜言蜜语背后可能隐藏着险恶的用心。我们要学会辨别，不要轻易被表面的夸奖所迷惑。在职场上，保持警惕，做好自己的本职工作，才是最重要的。同时，我们也应该学会从失败中吸取教训，不断成长，变得更加坚强和聪明。

有些女人总以为他人对自己友好是真心的，哪怕对方偶尔露出自私的一面，她们也会找借口原谅，认为那只是小小的误会。然而，她们没意识到的是，这些小人正是利用她们的善意一步步接近，最终获取更多的利益。一个微笑，一个温柔的态度，往往就是这些小人最锋利的武器。

面对这种情况，我们该如何保护自己？首先要记住，善良并不意味着毫无防备。不要因为对方的笑容和友好而失去理性判断。观察一个人的行为是否一致，是识破笑里藏刀的关键。如果一个人时常口蜜腹剑，表面一套背后一套，这就是危险的信号。不妨想想，你是否曾遇到过这样的人：当面对你嘘寒问暖，但在你不在场时，却散播谣言或背后指责你？这些人的目的往往是通过伪装获取你的信任，甚至操纵你的情感和行为。

要学会在对待他人时保持适度的警觉，而不是轻易让自己的柔软被利用。心地善良并不意味着要把自己的底线交出去，反而应学会适当地划定界限。如果对方一再侵犯你的底线，甚至在背后算计你，那你就需要果断地远离这种关系。

此外，女人常常被情感所牵绊，容易因为不忍心伤害别人而选择原谅和容忍。这种柔软的心态固然是美德，但在面对小人时，过度的容忍反而会让自己陷入被动。你需要意识到，适当的"拒绝"和"疏远"是一种保护自己的方式，而非不善。不要让你的善意成为别人伤害你的利器。

笑里藏刀的小人往往比那些明显的敌人更可怕，因为他们利用了你最柔软的部分。女人要学会在心怀善意的同时，也要保持清醒的头脑，不被表面的和善迷惑。正如《菜根谭》所说："防人之心不可无。"对于那些言不由衷、内心藏刀的小人，唯有保持理智和警觉，才能避免被利用和伤害。

当他对你微笑，总是无缘无故地对你特别好，或者在你背后说些模棱两可的话时，就得留个心眼了。

身边有人常说
这几句口头禅，可要小心交往了

"真的假的？"

"好棒啊！"

"天哪！"

......

这些口头禅，听起来是不是感觉挺随意的？但其实，这些话儿，它们可不只是随口说说那么简单，它们可是性格和心态的小小展示窗。这些习惯性的短句，其实不知不觉中就展示了我们的内心世界和生活态度。

比如说，如果你常听到某个闺蜜说"没事没事，小问题啦"，你是不是会觉得她特别阳光，总是能乐观看待生活？但如果有人老是抱怨"怎么又是我""烦死了"，你是不是会感觉她可能对生活有点小情绪，需要一点正能量的提振？

口头禅看似无关紧要，但它实际上反映了我们内心的态度和生活方式。在日常交往中，很多人不经意间的一句话，可能会影响他们与他人的关系。正如那句老话所说，"言为心声"，我们经常挂在嘴边的话，往往透露了真实的内心世界。学会留意这些口头禅，或许能帮助我们更好地理解自己和他人。

小琳是个性格随和的女人，但她有一个不太好的习惯，总喜欢说"没事，这不重要"或"差不多就行了"。这些话几乎成了她的口头禅，每次遇到什么事情，她总是用这些话来轻松应对。但她没意识到，这样的口头禅，实际上让她的工作和生活产生了很多问题。

有一次，小琳接到了一位重要客户的订单，对方要求她负责设计一批新款服装。小琳满口答应，心里想着这将是个不错的机会。然而，事情却没有按计划进行。因为她总觉得"差不多就行了"，工作没有太上心，设计图纸也没细致检查。每次别人提醒她要再仔细些，她总是笑着说："没事，这些小问题，差不多就好了。"

到了交稿的前一天，客户打电话确认进度，小琳信心满满地说一切都准备好了。然而，当她拿出设计稿时，才发现有不少细节还没处理好。她内心有些慌乱，但还是告诉自己："这不是什么大事，稍微改一改，差不多就能交差了。"

结果，客户一看到设计稿，就立刻提出了很多意见，甚至直接指出了几个严重的错误。客户的态度变得很冷淡，明确表示不满意，并要求重新设计。小琳当场愣住了，这才意识到，自己长期以来的"差不多就行"态度，真的出了问题。

事情过后，小琳开始反思自己的行为。她意识到，自己不经意间的口头禅其实反映了她对工作的懒散态度，这不仅影响了自己的职业发展，还损害了她与客户之间的信任。每次她说"差不多就行了"，其实都是在为自己的不负责找借口，而这种借口一次两次或许没问题，但时间久了，问题就会越积越多。

这次的教训让小琳彻底改变了。她开始注意自己平时说的话，不再随口应付，而是学会对待每件事都更加认真和谨慎。她不再轻易说"差不多就行了"，而是用心去做每一个决定，确保每个细节都符合标准。慢慢地，她重新赢回了客户的信任，工作也变得更加顺利。

其实，口头禅不只是我们随口而出的几句话，它们往往反映了我们的行为模式。像小琳这样的"差不多就行了"，看似无害，实际上是对自己不负责任的一种表现。它让我们在面对挑战时退缩，让我们在本可以做得更好的地方选择了敷衍。

女人在交际中，不仅要留意自己怎么说话，还要警惕那些看似无关紧要的"口头禅"，因为它们会影响别人对你的看法，甚至影响你自己的生活态度。所以，下一次当你发现自己说出"没事，差不多就行"时，不妨停下来想想，是不是应该更认真一些？这不仅是对别人的尊重，更是对自己负责的态度。

比如，有人总爱说："我就这样，你爱咋咋地。"听起来挺随意的，好像什么都不在乎，实际上可能就是一种固执，不太考虑别人感受。这样的人，可能不愿意为关系作出妥协，老这么着，关系就容易僵。

再比如，"谁不是这样，别太较真。"这话听起来像是叫人放宽心，可实际上可能是在为不负责任找借口。老说这种话的人，可能习惯于为自己的行为开脱，这对你判断事情可能也会有影响。要是你身边的人老这样，你得考虑考虑怎么和他们相处了。

还有，"这事不关我的事，我管不了那么多。"这话里头透着一股子冷漠，好像有点事不关己的意思。老把这话挂嘴边的人，可能真到了需要帮忙的时候，他们就躲得远远的。和这样的人在一起，你可能会觉得孤单。

最后，"我就随便说说，别当真。"这话看似轻松，可能就是一种逃避责任的态度。老这么说的人，可能不太愿意坦诚面对自己的想法。要是你身边的人老这样，你可能得重新想想你们的关系了。

口头禅的背后藏着大道理，在人际交往中，得留心这些话，它们能帮我们更好地了解对方，也能保护好自己。找那些说话算数、有责任心的人交往，生活里才能得到真正的支持和信任。说到底，只有相互尊重和理解，才能建立起来那种牢固又健康的关系。

交际攻略

口头禅是一个人经常挂在嘴边的习惯性表达。这些短句、习惯用语看似无关紧要，然而，它们却往往能够反映出一个人的内心世界、价值观以及生活态度。

怎么通过身体动作，
看穿对方是否在撒谎

身体是最诚实的！

有时候，一个人嘴上说得天花乱坠，可他的身体动作却可能在不经意间泄露了秘密。身体动作，这可是人类最本能的表达方式，比说话还要直接。它就像一面镜子，反映出我们的内心世界。

心理学家梅拉宾曾提出一个著名的沟通公式，表明在人际交流中，非语言信息占据了总沟通内容的93%，而语言本身只占7%。这说明，我们的身体语言、面部表情和声音的变化，远比我们说出的话更具真实性。

当一个人撒谎时，尽管他可能精心设计自己的言辞，但身体动作往往不由自主地泄露出内心的紧张和不安。撒谎是一种反常的行为，会让人产生心理上的不适，而这些不适则通过身体动作表现出来。正如莎士比亚在《哈姆雷特》中所写："罪行将会自白，因为它们会溢于言表。"而这"溢于言表"的罪行，很多时候就是通过无意的肢体动作表现出来的。

小芸是公司里的一朵温柔小花，她总是安安静静的，不怎么说话，但做事特别认真。公司里有个叫阿豪的小伙子，长得帅，笑容灿烂，一开始小芸觉得他人还不错。

阿豪对小芸也挺照顾的，工作上的问题他总是第一个冲上来帮忙，还经常请小芸吃午饭。小芸心里想，这阿豪真是个热心肠。

可是，就在公司组织的那次团建活动后，小芸对阿豪的看法有了变化。那天大家玩得很嗨，但活动结束后，小芸发现自己的手机不见了。她记得自己明明放在桌上的，怎么会不翼而飞呢？

小芸急得像热锅上的蚂蚁，四处询问，大家都摇头说没看见。这时，阿豪走了过来，一脸关切地说："小芸，你刚才是不是把手机放桌上了？可能是被别人不小心拿走了。"他说着，还用手摸了摸鼻子，眼神有点躲闪，手也在口袋里不停地动，好像在藏什么东西。

小芸心里"咯噔"一下，觉得阿豪今天有点不对劲。平时他说话总是直视别人的眼睛，今天却总是避开她的目光。小芸心里起了疑，但没直接问。

几天后，小芸看了公司保安室的监控，发现阿豪在活动结束时确实在她的桌子旁边鬼鬼祟祟的。小芸找到阿豪，直接问他："阿豪，那天你真的看到有人拿走我手机了吗？"阿豪的眼神又开始躲闪，手又不自觉地摸了摸鼻子，说："我真的没看清楚，可能是别人拿错了吧。"

小芸看着阿豪那不自然的动作，心里明白了七八分。她没再追问，但决定以后要留个心眼。后来，小芸从其他同事那里听说，阿豪以前也有过这样的"误会"，但他总是能用甜言蜜语蒙混过关。

看人不能只看表面，那些不经意间的小动作，往往能透露出一个人的真实想法。有时候，一个小小的动作，比千言万语更能说明问题。

撒谎者通常会有某种程度的紧张，这种紧张可能表现在他们的手势上。例如，当一个人撒谎时，他的手会不自觉地触碰自己的脸、脖子，甚至耳朵，这是一种潜意识的掩饰行为，仿佛想要通过遮挡面部来躲避对方的注视。眼睛也是一个重要的观察点，撒谎者往往避免与对方直视，或者过度地试图保持眼神接触，表现得过于用力，这些都是反常的表现。

而且，撒谎的时候身体的动作可能会变得不协调或不自然。例如，一个人说着谎话时，头部轻微地晃动或者身体微微后退，可能是在下意识地与自己所说的话保持距离。这样的行为反映了内心的矛盾和冲突，因为撒谎者的语言和身体不在同一个节奏上。

通过这些细微的身体动作，我们可以看穿对方的真实意图。那么，如何更好地运用这些方法呢？首先，你需要在平时的沟通中，仔细观察对方的行为习惯，这样当他们撒谎时，你可以更容易察觉到异常之处。比如，某个人平时说话时喜欢用手势，但在撒谎时，手却异常安静，缺乏动作；或者对方在交流中总是很自然地与人对视，但突然间他开始频繁避开你的眼神，这些都是撒谎的潜在迹象。

此外，观察对方的语速和声音变化也能帮助你识别谎言。当人撒谎时，他们的语速可能变快，因为内心的紧张促使他们急于结束谈话；反之，有些人会刻意放慢语速，假装镇定，这种刻意地放慢同样是一种异常表现。结合这些细节，你能更全面地评估对方的话语是否可信。

当然，仅仅依靠一次身体动作的异常并不足以下结论。观察对方的整体行为模式更为重要。"大音希声，大象无形。"谎言也不是通过明显的动作暴露，而是通过不自然的微妙反应让你产生怀疑。

所以，在与他人相处时，我们不应只关注话语本身，而要更多地留意对方的肢体语言与言辞是否一致。这种细致入微的观察力，将使我们在人际交往中更加洞悉他人的真实意图。

交际攻略

语言和身体语言之间的矛盾也往往是识别谎言的关键。无论是刻意的掩饰，还是无意的流露，身体总会在某个瞬间出卖撒谎者的真实意图。

从一个人的坐姿，
看出是否能跟他交往

　　"细节见人心"，平时看一个人，要从他的一言一行、一举一动中，慢慢品出他的性格和为人。在这些细节里，坐姿这个小动作，虽然不起眼，可它透露的信息量可不少。

　　坐姿，也就是人坐下来后的姿势，这种姿势看似平常，却有学问。一个人要是坐得放松、自然，这通常说明他挺自信，对周围环境也挺放心，对身边的人也尊重。这样的坐姿，让人感到亲切，容易接近。

　　反过来，要是有人坐那儿，身体绷得紧紧的，或者坐得特别僵硬，那可能说明他心里有点儿不踏实，或者有点儿焦虑。可能他在担心什么，或者在掩饰自己的不自信。这样的坐姿，容易让人有距离感，感觉不太容易亲近。

　　再说，坐姿还能反映出一个人的态度。比如，一个人要是坐得笔直，两腿并拢，双手放在膝盖上，这可能说明他比较认真，对事情的态度也比较严肃。而如果一个人坐着的时候，身体前倾，好像随时准备站起来，这可能说明他很专注，对正在讨论的事情很感兴趣。

坐姿这个小细节，其实是个反映内心的大窗口，通过观察一个人的坐姿，咱们能窥见他的内心世界，了解他的性格和态度。

陈莉莉坐在咖啡馆的窗边，阳光洒在她的脸上，给她的心情添了几分温暖。这是她第三次相亲，心里有点儿打鼓，但也带着一丝期待。

第一个相亲对象来了，他穿着一身笔挺的西装，看起来挺有教养。可陈莉莉一坐下，就发现他的坐姿僵硬得像块木板，背挺得像标枪一样直，双手放在膝盖上，动都不动一下。他说话时，声音平平的，像念经一样，毫无起伏。

陈莉莉忍不住想打破沉默，开玩笑说：“你坐得这么直，是不是在军训啊？”

相亲对象一本正经地回答：“这样显得有精神。”

陈莉莉心里想：“这么严肃，生活里估计也挺无趣的。”

第二个相亲对象迟到了，一进门就急匆匆地解释，然后一屁股坐到椅子上，像摊泥一样靠在椅背上，双腿大大咧咧地分开，一只手随意地搭在椅背上，另一只手还在不停地刷手机。

陈莉莉尝试着引起话题：“你平时忙不忙？”

他头也不抬地回答：“还行，挺忙的。”

陈莉莉心里叹气：“这么随意，好像不太把我当回事。”

第三个相亲对象走进咖啡馆时，陈莉莉已经有点儿疲惫了。她原本没抱太大希望，但当他坐下时，陈莉莉眼前一亮。这个男人坐得很自然，背靠椅背，但看起来既放松又专注。他双手轻轻放在桌上，身体微微前倾，眼神里满是温和和真诚。

他微笑着开场："让你久等了，路上有点儿堵。"

陈莉莉也笑了："没事，我也刚到。"

随着聊天的深入，陈莉莉发现他不仅风趣，还特别有见识。他认真听陈莉莉说话，时不时地分享一些有趣的想法，两人越聊越投机。

相亲结束时，两人交换了联系方式。陈莉莉走出咖啡馆，心里满是期待。她知道，这一次，她遇到了那个满意的他。

一个人坐的样子，其实能透露出他的性格和态度。从坐姿这个小细节，我们往往能看出一个人是否值得深交。当然，这只是一个起点，真正地了解得靠时间去积累。但好的开始是成功的一半，从坐姿开始，我们就能对一个人是否适合交往有个初步的判断。

想象一下，你坐在咖啡馆里，对面的人坐得像个军人，腰板挺得笔直，双手规矩地放在膝盖上。他可能很自律，但也可能意味着他比较刻板，不太容易放松。这样的人，可能需要你多花时间去打开他的世界。

再比如，如果一个人一坐下来就东倒西歪，或者不停地抖腿，这可能表明他比较随性，但也可能透露出他不够成熟或缺乏自控力。跟这样的人交往，你可能得有点儿耐心，等他慢慢学会稳重。

但如果一个人坐在你面前，姿态自然，既不过于僵硬也不过于随意，他认真听你说话，眼神里充满尊重和兴趣，那这可能就是个信号：他是个有教养、懂得尊重别人的人。这样的人，交往起来可能会让你感到舒适和安心。

当然，坐姿只是了解一个人的第一步，真正要判断一个人是否值得交往，还得看他的言行是否一致，他的为人是否真诚。通过深入地交流和长期地相处，你才能更全面地了解一个人。但无论如何，从坐姿这个小动作开始观察，你就已经在路上了。

交际攻略

　　真正了解一个人，还得多交流，多观察。就像品一杯好茶，得慢慢品，才能尝出它的滋味。通过细心地观察和深入地了解，我们才能找到那些真正与我们合拍的人。

如何识别男人是否花心

近年来的荧幕上，男性形象百花齐放，从威风八面的"霸道总裁"到踏实稳重的"经济适用男"，再到生活里的"普信男"，这些角色像是镜子，映照出社会对男性的种种期待和看法。

这些形象中，不乏一些花心的男人，他们的甜言蜜语听起来像糖，甜得发腻，却也像风，一吹就散。一开始，他们给你的承诺比星星还多，可时间一长，你发现那些承诺不过是空中楼阁，遥不可及。他们的言行不一，就像是个信号，提醒你这人可能不太靠谱。

值得交往的男人，不是那些只会说漂亮话的，而是那些在平平淡淡的日子里，用行动给你安全感的人。他们可能话不多，但每一句都沉甸甸的，每一件事都做得让人心里踏实。

珊珊第一次见到阿杰，是在一个温暖的初夏傍晚，阳光斑驳地洒在聚会的院子里。阿杰穿着一件干净的白衬衫，他的笑容灿烂，仿佛能融化一切。

"嗨，珊珊，你看起来有点孤单，需要我陪你吗？"阿杰走过来，温柔地问。

珊珊被他的关心所打动，两人很快就陷入了爱河。阿杰总是能提前想到珊珊的需求，无论是为她预订她最爱的餐厅，还是安排她梦寐以求的旅行，他总能让她感到惊喜和幸福。

但随着时间的流逝，珊珊开始察觉到阿杰的另一面。他对其他女生同样关怀备至，总是能在她们需要时出现，给予温暖和安慰。珊珊开始怀疑，阿杰的爱是否只是一场精心编排的表演。

直到有一天，珊珊无意中发现了阿杰的秘密——他在社交媒体上和另一个女生的亲密互动，还有他们一起度过的甜蜜时光。珊珊的心如坠冰窖，她意识到阿杰的爱并不专一。

面对珊珊的质疑，阿杰却不肯放手。他的眼神里满是哀求："珊珊，我承认我对她是有好感，但我对你的感情是真实的。给我一次机会，我会证明我对你的爱。"

珊珊感到困惑和痛苦。她爱阿杰，但她也知道，一个见一个爱一个的男人，无法给她想要的安全感和承诺。

"阿杰，"珊珊深吸了一口气，努力让自己的声音稳定，"我爱你，但我不能和一个不能给我全部的人在一起。你的爱，对我来说，太沉重了。"

阿杰沉默了，他知道自己无法给珊珊她想要的专一和承诺。

珊珊转身离开，泪水在眼眶中打转，但她没有回头。她知道，自己值得一个全心全意的爱，而不是一个花心的男人的施舍。

在爱情的世界里，真诚和专一是一段关系的基石，但识别一个男人是否花心，却像是一场微妙的心理游戏。这并不是说，所有的男人都难以捉摸，而是说，我们需要学会如何从日常的点滴中，洞察一个人的真实性格。

首先，看一个男人是否言行一致。一个诚实的人，他的话和行动是相互呼应的。如果他总是甜言蜜语，承诺满天飞，但行动上却总是打折扣，那这可能就是一个警示信号，请记得，不要听他说了什么，而要看他做了什么。

其次，观察他对待异性的态度。一个花心的男人，往往在与异性交往时没有界限感，他们可能会用暧昧的言语，或是过于亲密的行为来试探边界。而一个真正在乎你的男人，他会在与异性接触时保持适当的距离，尊重你，也尊重你们之间的关系。

再来看情感的稳定性。花心的男人，他们的情感像天气一样多变，今天热情如火，明天可能就冷若冰霜。而一个稳重的男人，他会在感情中保持一贯的关怀和温暖，不会轻易受外界的影响。

面对诱惑时的自律，也是判断一个男人是否花心的关键。花心的男人往往难以抵挡外界的诱惑，容易被新鲜感所吸引，而一个自律的男人，他会懂得控制自己的欲望，坚守自己的情感立场。

最后，不要只看短期的表现，还要观察他在长时间内的行为是否一致。花心的本质，可能不会立刻暴露，但时间是最好的试金石。一个在感情中总是摇摆不定的人，无论开始时多么投入，最终他的花心本质都会显露出来。

识别一个男人是否花心，需要我们细心观察，也需要我们理性地分析。在爱情中，我们不仅要倾听内心的声音，更要用理智去审视对方的行为。这样，我们才能找到那个真正值得我们托付终身的人。

就像村上春树所说："在大风大浪中漂泊的人，会格外珍惜岸边的灯光。"愿每个女孩儿在情感旅途中，都能遇到那个懂得珍惜的人。

交际攻略

要辨别一个男人是否花心，别光听他怎么说，更要看他怎么做。他的行为是否始终如一？他对感情的态度是否真诚？这些细微之处，往往藏着答案。

怎么利用逛街，
看清楚男友的真面目

要真正了解一个人，不能只看表面，而要深入观察他的内在。电视剧《甄嬛传》中的皇后乌拉那拉氏，她的每一个动作都是精心策划的，但偶尔的一个小动作，却能透露出她的真实意图。

古人云："日久见人心。"逛街，就是这样一个日常的、不设防的互动过程，它能让那些隐藏在礼貌和得体言行背后的真实性格悄然显现。在逛街时，一个人不经意间的选择、反应和行为，往往比在正式场合下更能展现他的真实性格。

不要小看这些看似不起眼的细节，它们其实是了解一个人的关键。正如古语所说："细节决定成败。"在逛街时，一个人对待服务员的态度、选择商品的方式、处理突发状况的能力，这些都能反映出他的性格特质。而这些特质，往往会在日后的生活中不断重复并放大。

艾莎经历了几段不如意的恋情后，决定通过相亲来寻找她的另一半。

这次，她遇到了阿明，一个在介绍人嘴里被夸得天花乱坠的男人。

初次见面，阿明表现得温文尔雅，谈吐得体，艾莎对他的印象还不错。两人聊得挺开心，交换了联系方式，约定多了解对方。

几次约会下来，艾莎开始发现阿明的一些习惯，尤其是逛街时，这些习惯变得尤为明显。

一天，艾莎和阿明约好去商场逛逛。刚进商场，阿明就直奔电子产品区，好像忘了艾莎的存在。艾莎心里有点不是滋味，但还是跟了过去。

"阿明，你对这些电子产品很感兴趣啊？"艾莎试图打破沉默。

阿明头也不抬，"嗯，这些是我的最爱。"

他们走进一家服装店，艾莎想试试新衣服，阿明却显得不耐烦，不停地看手机。

"阿明，你看这件衣服怎么样？"艾莎拿着一件衣服问。

阿明敷衍地回答，"还行吧。"

艾莎试了几件衣服，期待阿明的意见，但阿明只是随意地点头，没有真正的兴趣。

最让艾莎感到不安的是，当他们走进一家餐厅，阿明对服务员的态度让她大跌眼镜。服务员因为忙碌稍微慢了点，阿明就开始抱怨，没有一点体谅。

"服务员，你们这速度也太慢了吧！"阿明不耐烦地说。

艾莎看着阿明，心里开始打鼓。她意识到，阿明的礼貌和体贴可能只是表面功夫，他的内心并不像外表那样温和。

逛街结束后，阿明提议去喝咖啡，但艾莎感到了疲惫，不仅是身体上的，更是心理上的。她开始反思，阿明虽然条件不错，但他的自私、不耐烦和缺乏尊重，让她感到两人并不合适。

那天回家后，艾莎决定不再继续这段关系。她明白，找到一个合适的伴侣，不仅仅是看条件，更要看两人在日常生活中的契合度。

真正的幸福，来源于对方的理解和尊重，而这些，往往隐藏在生活的点点滴滴中。阿明或许在别人眼里是个不错的选择，但对艾莎来说，他们并不适合。她需要的是一个能够在生活中给予她温暖和尊重的人。

当你和你的男友共度时光，无论是在街头闲逛，还是在家中的沙发上闲聊，每一个生活片段都是了解对方的窗口。

注意他是否在你们共同做饭时愿意分担家务，是否在看电影时考虑到你的喜好，或者在朋友面前是否给你足够的尊重。这些日常的小事，就像生活的试金石，能够反映出他的性格和价值观，比如：

当他在超市挑选食材时，是否会问你的意见，考虑你的口味？

在你们一起规划周末时，他是否能够妥协，选择一个你们都感兴趣的活动？

当你俩在餐厅等位时，他是否对服务员保持礼貌，即使等待时间较长？

你们共同的朋友聚会上，他是否能够注意你的感受，不让你感到被忽视？

这些生活细节，虽然看似微不足道，却能逐渐拼凑出一个人的真实面貌。它们告诉我们，一个人在轻松的环境下如何对待他人，很可能就是他在压力下的表现。

所以，下次当你俩在一起时，不要只关注大场合的表现，而是要留意那些小到几乎被忽略的行为。因为正是这些小细节，最终构成了你们关系的全貌。通过观察他在日常生活中的点点滴滴，你将能够更真实、更全面地了解他，从而判断他是否是那个能够与你携手共度人生的人。

交际攻略

"细节决定成败。"一个人的细节，往往会在日后的人生旅途中不断重复并放大，这些隐藏在日常生活中的蛛丝马迹，正是我们得以透视他人内心的窗口。

微信扫码
❶ AI贴心闺蜜
❷ 成长必修课
❸ 情商进阶营
❹ 幸福研讨室

第六章

职场女人，能力之外，多用点心思和心机

在繁忙的工作中，巧妙运用智慧，化解难题，提升效率。同时，用心经营人际关系，赢得同事与上司的信赖。如此，方能在职场中脱颖而出，成就辉煌事业。

不会倾听，
很难在职场上立足

　　小朋友好奇地问妈妈："人有两只耳朵，两只眼睛，为什么只有一张嘴？"妈妈愣在原地，感叹儿子的问话充满了哲理，人为什么要有两只耳朵，却只配置了一张嘴？

　　认真思考后，你会发现，原来造物主赋了我们多听少说的本能，其实是在提醒我们，倾听比说话更重要。就像和孩子的相处，越是急躁就越是难以沟通，当我们静下心来，认真听他说学校里的趣事，分享小小的烦恼和梦想，才真正地理解了孩子。

　　我们常说，与人交谈，投机很重要。但怎样才能投机呢？关键就在于倾听。只有听懂了对方的兴趣、需求和观点，才能找到共同话题，让对话变得愉快。

　　看看身边那些事业有成的人，他们的成功并非偶然。他们或许没有显赫的家世，或许学历并不惊人，但他们都有一个共同点——懂得倾听。

他们不会一味地自说自话，而是会耐心听别人说完，从中捕捉信息，找到共鸣。

职场上，不会倾听，就像没有桨的船，难以远航。因为倾听不仅是一种礼貌，更是一种能力。它能让你更快地了解他人，更准确地把握机会，更有效地解决问题。

李姐是个身材娇小的销售员，皮肤略显黝黑，外表在人群中并不显眼。然而，正是这位不起眼的女士，却连续五年成为公司的销售冠军。

公司举办了一场学习交流大会，李姐被邀请上台分享她的销售秘诀。她站在台上，轻松地说："成功的推销，其实没那么复杂，就是和客户聊得开心。"

台下有个年轻小伙子抱怨："客户那么多，怎么可能每个都聊得来啊，那得懂得多少东西啊！"

李姐微微一笑，回答说："你不需要懂得太多，关键是要会听。"

她讲述了自己的一次经历。那次，她去推销产品，客户是个家庭主妇，对她的产品似乎并不感兴趣，甚至有些不耐烦。李姐心想，得找个话题，别让她把自己赶出去。

她环顾四周，发现阳台上摆着一盆特别漂亮的植物。虽然她对花草一窍不通，但她还是走过去，赞叹道："这盆栽真好看，长得真好！"

女主人听了，脸上露出得意的笑容："这可是兰花的一种，叫嘉德里亚，很难养的。"

李姐接着问："这花得不少钱吧？"

女主人点点头："800块呢。"

"800块！"李姐装作很惊讶，"那照顾起来一定很费劲吧？"

女主人来劲了，开始滔滔不绝地讲怎么养这花。李姐就在一旁听着，偶尔附和几句。没想到，这一聊就是一个下午。

最后，女主人不仅买了她的产品，还说："今天聊得真开心，很少有人愿意听我说这些。"

李姐告诉在场的人："我其实对花草一窍不通，但我就做了一件事——认真听她讲。一场愉快的交谈，有时候就是这么简单。"

有人听了，有点不敢相信："倾听，真的这么管用？"

李姐说："这不是神奇，这是人性。每个人都有表达自己的欲望，都希望被重视。专心听别人说话，就是最好的尊重。不管是上司、下属，还是朋友，倾听都能帮你赢得好感。"

李姐用自己的经历证明了，倾听，有时候比说话更重要。相反，生活中有些人只知道表达自己，而不懂得如何倾听。有些人，他们总是急于表达自己，却忘了倾听的力量。

你有没有遇到过这样的人？他们一说话就像打开了话匣子，不管你有没有兴趣，他们只顾自己讲个痛快。当你想插句话，分享自己的看法时，却发现根本没有机会。这样的谈话，真的让人愉快吗？

倾听，是沟通的第一步。它不仅能帮你更快地了解对方，更是一种对他人的尊重。想想看，当你在说话时，如果对方认真听你讲，时不时地点头，或者提出一些有见地的问题，你是不是会觉得这场谈话特别愉快？

一个愿意倾听的人，无论走到哪里，都会受到欢迎。因为他们懂得，沟通不是单向的灌输，而是双向的交流。他们知道，每个人的想法都值得被听见，每个人的经历都值得被尊重。

如果你想要成为一个理想的谈话对象，那就从学会倾听开始吧。下次当你和别人交谈时，试着少说一些，多听一些。不要急于表达自己的观点，而是给对方足够的空间来表达他们的想法。

交际攻略

倾听不仅是一种技巧，更是一种智慧。在职场上，它可能会成为你立足的关键。当你学会了倾听，你会发现，沟通其实可以很简单，很愉快。

即便你有理，
也不要什么时候都据理力争

《道德经》里说："柔弱胜刚强。"这句话不是让我们放弃自己的立场，而是提醒我们，在人际交往中，柔和有时比强硬更有力量。与人交往过程中，常常会遇到意见相左的情况，坚持己见，据理力争，这本身并没有错。但生活的经验告诉我们，即便你有理，也不必在仟何时候都争个高低。

比如，当你和朋友讨论一个话题，你确信自己是对的，而对方却坚持己见。如果此时你选择咄咄逼人，非要对方认输，结果很可能是赢了辩论，却输了友情。因为在人际关系中，尊重和理解往往比所谓的"正确"更为重要。

在《外科风云》这部剧里，陆晨曦是个医术高超的胸外科医生，手术做得漂亮，对病人也是真心实意地好。可她呢，偏偏就是那种不太会说话的人。

有一回，科里的同事劝她："晨曦，你得多写点论文，这样才能评上副高职称啊。"

陆晨曦听了，不以为然，甚至还有点生气："我手术做得好不就行了？那些手术不行的人才整天想着注水论文呢。"

这话一出，同事们都有点尴尬，气氛一下子冷了下来。陆晨曦说得没错，或许她真的很优秀，或许她真的并不在乎论文，但她太直了，这种争论只能让对方尴尬，甚至有些情况下会伤了对方的心。

潘慧是一名出色的律师，她的辩论技巧在法庭上总能让她赢得漂亮。但这份职业也让她养成了一个习惯——无论大事小事，她总得争个明白。

她的男友性格温和，喜欢和和气气地处理问题。两人刚在一起时，男友挺欣赏潘慧的聪明和自信，但时间一长，他发现潘慧连芝麻大点的事都要争个高低。

那天，他们一起去餐厅吃饭。男友看到菜单上有个新出的甜品，挺想尝尝。潘慧却摇头说："那东西热量太高，对身体不好。"

男友说："偶尔吃一次，没事的。"

潘慧却不依不饶："偶尔也不行，健康最重要。"她拿出手机，开始查数据，一条条念给他听，非要证明自己的观点。

男友心里有点不是滋味，但也没多说，只好说："好吧，那就听你的。"

后来，他们去看电影。男友选了部浪漫喜剧，潘慧却觉得无聊，非要看纪录片。两人在电影院门口争了起来，潘慧又是一堆大道理，最后男友只能妥协。

男友心里越来越觉得，潘慧从没真正尊重过他的意见。

直到那次朋友聚会，大家闲聊起一个热门话题。潘慧和几个朋友争得面红耳赤，男友想缓和气氛，说了句："大家说得都有道理，不用太认真。"

潘慧却连他的话也不放过，说："这不是认真不认真的问题，真理只有一个。"她当众反驳男友的观点，让他下不来台。

聚会结束后，男友对潘慧说："我不在乎你对还是错，我只想要一段彼此尊重的关系。"

潘慧愣住了，她从没想过，自己的好胜会伤害到他。

最终，男友选择离开她。

生活不是法庭，争个高低并不能带来幸福。真正的幸福，是两个人的相互理解和包容。想想看，我们争论的目的是什么？是为了解决问题，还是仅仅为了争个输赢？如果一场争论，让我们失去了朋友或者合作伙伴，那即使我们争赢了，又有什么意义呢？

生活如此，职场也是一样，意见不合是最常见的，如果你是领导，每次遇到分歧都坚持己见，虽然看似维护了权威，但可能会让团队成员感到被忽视，他们的创造力和热情也会因此受挫。一个真正懂得领导艺术的人，会倾听每个人的声音，包容不同的观点，引导团队在多元的意见中找到平衡点，这样才能推动团队向前发展。

人与人之间的信任和和谐，远比一时的对错更加重要。在争论中，我们不妨先冷静下来，问问自己：我们真正想要的是什么？如果答案是和谐与信任，那么我们就需要学会在适当的时候放手，学会用更加圆融的方式去沟通。

有时候，即使你是对的，也不能总是据理力争。要学会站在别人的角度想问题，用别人能接受的方式表达自己的观点。沟通，不只是说出自己的想法，更是要让对方听得进去。

交际攻略

柔和不是软弱，而是一种智慧，它可以帮助我们建立更稳固的人际关系，创造更和谐的工作环境。即使你有理，也不必每次都争个水落石出，有时候，退一步，海阔天空。

习惯讨好，
才是你受欺负的源头

我们常常误以为，只要对别人好，就能赢得尊重和友谊。然而，事实往往并非如此。俗话说："人善被人欺，马善被人骑。"这句俗语揭示了一个简单而深刻的道理——过度的善良和讨好，往往会成为别人欺负你的理由。

习惯讨好他人，反而容易让自己陷入受欺负的困境，许多人从小就被教导要"与人为善"，以为这样可以避免冲突和矛盾，"讨好"便成了一种防御机制。

然而，当这种善意被无限放大，变成一种为了取悦他人而不断妥协、牺牲自我的习惯时，问题就随之而来。过度地讨好常常被他人解读为软弱和缺乏原则，这恰恰给了那些善于利用他人弱点的人以可乘之机。

电影《芳华》中，刘峰这个角色给我们上了生动的一课。他是那种典型的"老好人"，在文工团里默默无闻，总是愿意承担最苦最累的活儿，只为了能获得别人的认可和一点点关注。

但问题就出在这里。刘峰的这种不断讨好，渐渐地让人们觉得，他做的一切都是应该的。那些本不该他承担的脏活累活，仿佛成了他的"专利"。他的好意和努力，并没有换来应有的尊重，反而让他在人们眼中变得无足轻重。

讨好别人，并不一定能得到想要的结果。当你总是无条件地付出，人们就容易把你的好当作理所当然，甚至忽视你的价值和需求。

赵莎莎，一个总是试图讨好别人的女孩，从小时候起就习惯了这样做。她总是想尽办法让周围的人高兴，希望得到他们的认可和喜爱。

在办公室里，赵莎莎也是出了名的老好人。

每当老板提出要加班赶项目，她总是第一个跳出来，满脸笑容地说："我没问题，加班对我来说小菜一碟！"即使这些额外的工作往往技术含量不高，又耗时耗力。

同事们都知道，无论有什么事，找赵莎莎帮忙准没错。"莎莎，能帮我拿个快递吗？""莎莎，我今天有点事，你能替我加班吗？"她总是毫无怨言地答应下来，哪怕有时候自己因此耽误了吃饭，或者加班到深夜。

有一天中午，办公室里和往常一样，赵莎莎忙着帮大家订外卖。突然，一位同事急匆匆地找到她："莎莎，我今天急着去约会，这份报告你能帮我赶一下吗？我知道你最好了，拜托了！"

赵莎莎那天真的不舒服，肚子疼得厉害，她有些为难地说："哎呀，今天我可能不太行，我肚子疼得厉害。"

　　同事的脸立刻拉了下来："哎呀，不就是加个班嘛，平时你不是都挺乐意的吗？怎么今天这么小气啊！"

　　赵莎莎愣住了，没想到自己的一次拒绝，竟然引来了同事的不满。她感到既惊讶又伤心，眼泪不由自主地流了下来："我……我真的不舒服。"

　　这件事让赵莎莎开始反思。她意识到，自己一直以来的讨好，并没有真正赢得同事们的尊重。相反，她失去了自己的界限，让别人觉得她随时都可以被牺牲。

　　赵莎莎开始学会说"不"，开始为自己设定界限。只有尊重自己，别人才会尊重你。

　　在工作场合中，如果你总是习惯性地接受所有任务，不论这些任务是否合理，久而久之，别人会认为你没有底线，可以随意使唤你。你的善意会被误解为理所当然，最终你会发现自己承受了超出能力和职责范围的工作量，却得不到应有的尊重和回报。

　　习惯讨好的另一个问题在于，它让你失去了自我。在不断迎合他人的过程中，你逐渐忘记了自己的需求和底线，甚至开始怀疑自己的价值。

　　一个人如果长期忽视自我，只为他人的期望而活，那么内心必然会产生矛盾和痛苦。时间一长，这种内在的不平衡会让你感到疲惫和无力，甚至会引发情感上的崩溃。

　　那么，如何摆脱这种讨好的习惯呢？首先，要学会拒绝。拒绝并不意味着你不友善，而是对自己的尊重。拒绝那些不合理的要求，保护自己的权益，才能赢得他人的真正尊重。其次，要建立清晰的界限。你要明白，友善和讨好是有区别的，前者是出于真诚的关心，后者则往往带有不健康的自我牺牲。只有当你明确自己的界限，别人才能理解并尊重你的底线。

"知足不辱，知止不殆，可以长久。"学会在适当的时候停下来，为自己争取应有的权利，才是真正的智慧。讨好他人只会让你迷失自我，而只有坚守原则，才能避免被欺负，获得内心的平静与尊严。

交际攻略

我们的价值不是由别人的评价来决定的，而是由我们自己的行为和选择来体现的。别让讨好成为你生活的全部，学会说"不"，学会保护自己，这才是真正智慧的开始。

怎么掌握和
领导之间的距离

距离感其实不是物理上的远近，而是一种心理上的分寸感。

"亲密有间"这个词的意思是即便关系再好，也要保持适度的空间。与领导的相处更是如此。如果一味试图靠近，以为只要和领导打成一片就能获得更多机会，往往会忽略了职场中的角色边界。

角色越清晰，表现的专业性越强；而模糊的界限，反而会带来更多误解。

掌握距离感，并不是让我们与领导刻意保持冷漠，而是要懂得如何合理表现自己的能力，又不过分涉入领导的私人空间。正如莎士比亚所说："聪明的人懂得在适当的时候保持沉默。"有时，少说多做，反而能够体现出专业和成熟的态度。

比如，一个刚入职的女孩，在日常工作中，可以积极主动地完成自己的任务，并在必要时提出建设性意见，展现出专业的态度。

与此同时，她也要懂得不在领导面前过度表现个人情感或问题，比如过于依赖对方的意见，或在不合适的场合打探对方的私人生活。这样既能让领导感受到你的能力和可靠性，又不会让对方觉得被过度打扰。

小梅是个阳光灿烂的女孩，大学毕业后，她带着满腔热情加入了一家充满活力的传播公司，她的热心和勤奋很快获得了上司的认可。上司是个三十出头的女性，平时风趣幽默，和同事们关系融洽，从不在大家面前摆出高高在上的姿态。

上司对小梅说："我就把你当我妹妹，咱们亲近些。"小梅听了，心里暖洋洋的，觉得上司就像自己的亲姐姐，于是在和上司相处时，她也变得随意起来，有时还会调侃几句。

有一天，上司穿着一身新装来到公司，大家都夸她漂亮。小梅也笑着打趣："哟，今天这么打扮，是不是要去相亲啊？"上司的脸色突然沉了下来，但小梅没在意，以为只是普通的玩笑。

小梅不知道，上司对自己的单身状态一直很敏感。她的无心之言，让上司感到尴尬和不快。

在一次项目讨论会上，上司提出了一个想法。小梅立刻站起来，直言不讳地说："这个方案不够完善，执行起来问题很多。"这让上司心里很不是滋味，开始对小梅冷淡起来。

还有一次，公司大老板在场，小梅还是像平时一样，称呼上司为"姐姐"。老板走后，上司严肃地对小梅说："小梅，私下你怎么叫都行，但在公司里，还是保持点职业距离吧。"

小梅感到困惑，不知道自己做错了什么。她向表姐倾诉，表姐笑着说："小梅，你太天真了。上司就是上司，她可以对你友好，但你不能忘了职场的界限。她可以亲近你，但你不能忘了自己的位置。"

听了表姐的话，小梅开始反思。她意识到，和上司保持适当的距离，不是疏远，而是一种职业的尊重。她开始调整自己的行为，不再过于随意，学会了在亲近和尊重之间找到平衡。

掌握和领导之间的距离，是职场生存的重要一课。领导可以友好，但作为下属，我们要时刻记得他们的身份，保持适当的职业距离。这不仅是对领导的尊重，也是对自己的尊重。只有这样，我们才能在职场上稳步前行。

在日常工作中，要保持主动性。工作中遇到困难，可以寻求帮助，但不要轻易把所有问题都推给领导，让领导为你解决，而是在深入思考后提出具体的解决方案，然后向领导寻求意见。这样不仅能体现你的独立性，还让领导对你的能力有更深的认可。

与此同时，面对一些社交场合的邀请，也要适度掌握分寸。适当参与，但不要强求；适时退出，但不过于冷漠。既让领导看到你积极的一面，又不会显得过于殷勤。

总结来说，女孩在职场与领导相处时，最重要的就是掌握好心理上的距离感。既不要过分亲近，也不要显得太疏远。

通过积极工作和恰当地表现，让自己既成为一个可靠的下属，又保有足够的空间来展现自己独立的个性和能力。这不仅会让领导对你有更好的印象，也会为自己的职场生涯铺平更顺畅的道路。

交际攻略

　　掌握与领导之间的距离，是一种职业成熟的体现，这需要我们在实际工作中不断学习和调整，通过实践来找到最适合自己的方式。

切勿因为小摩擦，
把同事变成陌生人

仔细思考一下，与同事相处的时间其实比家人还要长，但是职场既是合作的舞台，也是竞争的场所，在这样的环境下，同事间难免会有些小摩擦、小矛盾。

当这些小问题出现时，情绪也会随之变动，特别是当情绪激动时，就很容易作出一些过激的反应。但记住，矛盾既然发生了，就得及时解决。把问题摆到桌面上，如果是自己的不对，就大大方方承认；如果是对方的问题，也不必揪着不放。及时沟通，把话说开，这样同事关系才能更和谐。

而且，要学会对同事间的矛盾抱有一颗宽容的心，别因为一点小事就记仇，那样不仅显得自己小气，还会破坏团队的氛围。你如果总是刁难对方，和对方作对，不仅领导会注意到，还可能给自己带来麻烦。

想想看，工作本就不易，何必再给自己添堵呢？保持一颗豁达的心，对那些小矛盾、小摩擦，笑笑就让它过去吧。这样做不仅显得你大度，还能维护团队的和谐，让工作更加顺利。

可遗憾的是很多女孩喜欢斤斤计较，一旦与人发生了矛盾和摩擦就会针尖对麦芒，结果把小问题弄成大矛盾。

汪迪是个刚毕业的大学生，长得清秀，头脑也聪明，一进公司就担任了人事专员的职位。办公室里有个叫李姐的，三十来岁，做事稳重，深受领导的信赖。

李姐对汪迪挺照顾的，毕竟汪迪是新人，李姐就经常给她一些工作上的建议。两人很快就熟络起来，虽然年纪有些差距，但关系挺不错，经常一起吃饭逛街。

汪迪性格活泼，人缘也好，公司里不少小伙子对她有好感，尤其是业务部的几个年轻小伙，总是找机会接近她。

但这样一来，汪迪和李姐之间就闹了点小摩擦。那天早上，汪迪到了办公室，又站在镜子前补妆。李姐走过来，开玩笑说："小迪，你每天这么精心打扮，是不是要把业务部的小伙子们都迷倒啊？"

汪迪一边涂着口红，一边笑着回应："李姐，你这是夸我呢还是损我呢？我这是给自己加油打气，保持最佳状态嘛。"

李姐笑了笑，但心里有点不是滋味，觉得汪迪话里有话，好像在说自己年纪大了，不再吸引人了。

第二天，李姐看到汪迪又在补妆，就忍不住说："小迪，你这么爱打扮，是不是觉得我们这些老姐姐们都不够看了？"

汪迪一愣，连忙解释："李姐，你误会了，我真没那个意思。"

但李姐心里的疙瘩已经结下了，她冷冷地说："行了，你忙你的吧。"说完就转身离开了。

从那以后，李姐对汪迪的态度就变了，有时候还会故意找茬。汪迪一开始还忍着，但后来也受不了了，两人之间的关系越来越僵。

在职场上，一句话说不好就可能引起误会，伤害同事之间的和气。毕竟，每个人都有自己的想法和工作方式，有时候意见不合或者沟通不畅，就可能引发一些小冲突。这种时候，最重要的是先冷静下来，不要让情绪主导自己的行为。

想想看，这个小摩擦真的有必要让它影响你的心情或者工作吗？多数情况下，其实只是一些小事。可能是对方一时没有考虑周全，或者你自己当时心情不好，反应有点过度。试着站在对方的角度想一想，他们或许也有难处，可能也并不是有意冒犯你。

有时候，简单地沟通一下，就能化解这些误会。比如，找个合适的时间，跟对方聊聊，坦诚地表达你的感受，但不要指责。你可以说："我觉得那天的事情我们可能有点误会了，你是怎么想的？"这样一来，不但能缓解紧张的气氛，还能让双方更好地理解彼此。

如果觉得当面沟通太尴尬，也可以通过邮件或者消息的方式，简短而礼貌地表达一下自己的想法，或者直接在行动中表现出友善。大多数人都会回应你的善意，毕竟，大家在一起工作，目标都是一样的——把事情做好，而不是制造矛盾。

还有一点很重要，那就是不要把小摩擦放在心上太久。职场中的关系，有时候就像波浪一样，有起有伏。如果我们总是斤斤计较，或者记住每一次的不愉快，日子会过得很累。试着放下那些小摩擦，把精力放在更重要的事情上，比如提升自己的能力，或者加强与同事之间的合作。

交际攻略

　　遇到小摩擦时，不妨冷静、理解、多沟通，最后学会放下，这样不仅能让你在职场上更加轻松，也会让你的同事关系更加和谐。毕竟，和谐的工作环境对每个人来说，都是一种幸福。

谈生意没有不应酬的，
怎么应酬一定要学会

前些年热播电视剧《三十而已》中，顾佳这个角色引起了很多女性观众的共鸣，她为了丈夫的事业，不仅要在家里扮演贤妻良母，还得在外面面对各种社交应酬。顾佳的成功并不是因为她有多么强的业务能力，而是她懂得如何在各种应酬场合中游刃有余，既不失体面，又能达到目的。

其实，在商业世界里，女人想要有所成就，懂得如何应酬是必不可少的。应酬，虽然看起来不过是吃饭、喝酒、聊天，但它背后蕴含着深层的人情关系和商业逻辑。对于女性来说，这不仅仅是展示自己能力的舞台，更是赢得信任、拓展人脉的关键途径。

在应酬中，需要的不只是外表的光鲜亮丽，更是内心的智慧和情商。特别是女性，在应酬过程中更是要谨慎，懂得分寸，掌握节奏，才能在职场上走得更远。

林雨薇是个在外企打拼的年轻女性，独立又聪明，工作能力没得说。但她总觉得自己少了点运气。她的上司许晴对她期望很高，总是带着她参加各种商务活动，希望她能多认识些业内的大人物。

有一天，许晴又来邀请林雨薇："雨薇，这周末有个高端商务酒会，你和我一起去吧。来的都是有头有脸的人物，对你来说是个大好机会。"

林雨薇心里有点打鼓，她不太习惯这种场合，但还是一口答应了："好的，许总，我会准备一下。"

酒会那天，林雨薇穿了一身得体的晚礼服。她一到场，就有个中年男士过来搭讪，聊着聊着就开始打听她的私生活。林雨薇有点不舒服，但她还是礼貌地保持了距离："我觉得我们还是多聊聊工作上的事吧。"

许晴看在眼里，笑着走过来："张先生，雨薇是我们公司的得力干将，她对项目有很多独到的见解。"几句话就帮林雨薇解了围。

林雨薇感激地看了许晴一眼，心里明白了应酬中的分寸感有多重要。

酒会上，林雨薇还遇到了一个叫张磊的年轻CEO，两人聊得很投机。但当张磊提议换个地方继续聊时，林雨薇警觉起来："张总，我觉得这里就很好，我们可以继续聊聊行业趋势。"

张磊一愣，随即笑了："林小姐果然是职业女性，我很欣赏你的态度。"

酒会后，许晴对林雨薇的表现很满意："雨薇，你今天做得很好。应酬不只是交流，更是展示自己的机会。"

　　不久后，公司和张磊的公司达成了合作，林雨薇也得到了更多的项目机会。

　　应酬中保持自我，巧妙应对，是职场上的重要能力。应酬不是为了取悦别人，而是在平等交往中找到合作的机会。你不需要为了达成目的而委屈自己，只需要在尊重对方的同时，也保持对自己的尊重。应酬是一门艺术，如何在其中展现自我，是需要不断学习和磨炼的。

　　当然，女性在应酬中最容易出现的就是受骚扰的问题，第一件事就是保持冷静，别让慌乱冲昏了头脑。直接告诉对方，他的行为让你感到不舒服，用简单明了的话说："请停止这样做，我不舒服。"如果对方不收敛，就要立刻想办法和他保持距离，哪怕是借口去洗手间或者补妆，暂时离开那个环境。

　　如果场合合适，可以向身边的同事或者上司使个眼色或者直接求助，毕竟在职场上，大家应该相互支持。记得，如果收到任何让你感到不安的信息，比如短信或邮件，别急着删掉，这些可能是以后维权的重要证据。

　　每个公司都有自己的反骚扰政策，了解清楚这些规定，知道遇到问题时该向谁报告，怎么寻求帮助。信任你的直觉，如果感到不安全，就找个理由离开那里。

　　如果应酬结束后，骚扰还在继续，这时候可能需要更正式地处理这个问题。向人力资源部门报告，或者找专业的法律咨询，维护自己的权利。

　　别忘了，你不是一个人在战斗，和同事建立良好的关系，有时候，团队的支持能给你力量。最后，如果需要，学习一些自我防卫的技巧，这不仅能增加你的安全感，也是保护自己的一种方式。

交际攻略

　　人不但要在职场上打拼，还要懂得如何在应酬中运筹帷幄。没有人有权利让你感到不舒服或不安全，你有权利在一个安全和受尊重的环境中工作和应酬。

微信扫码
❶AI贴心闺蜜
❷成长必修课
❸情商进阶营
❹幸福研讨室

Women's
Social Strategy

第七章

**遵守交际规则，不要触碰人际交往
的禁忌**

在交际中，以礼相待，真诚沟通，避免触碰禁忌，方能赢得他人的尊重与友
谊，共同营造愉悦的人际氛围。

交浅言深，
关系就很难再深了

俗话说："人贵有自知之明。"这句话道出了人与人之间交往的一个关键：了解彼此的距离，保持适度的分寸。人们常说"交浅言深"，意思是在关系还不够深入的时候，就将内心深处的想法或秘密告诉对方，这往往会让关系难以进一步发展。

交浅言深的问题在于，它打破了人与人之间的自然过渡。在刚认识或关系尚未稳固时，就将自己的内心世界全部展现给对方，可能会让对方感到压力。因为在陌生或半熟悉的关系中，彼此还在试探和了解阶段，突然的深谈会让人觉得突兀，不知如何回应，甚至可能产生误解。

举个例子，假设你刚认识一个同事，对方对你印象不错，想要进一步加深关系。可在一次偶然的谈话中，他突然向你倾诉自己的深层忧虑或家庭问题，这样的突如其来的深入交谈，可能让你感到困惑和不安。你们的关系尚未发展到可以坦诚相待的地步，这样的过早暴露只会让你对他产生距离感，反而阻碍了关系的发展。

其实，任何关系的建立都是一个循序渐进的过程。人与人之间的信任，需要时间和经历来慢慢积累。过早地深入交谈，往往会忽视了这种自然的进程。一个人或许出于信任或者急于表达自己的善意而倾诉衷肠，但在对方还没有准备好接纳这些信息时，这种做法往往会带来反效果。

逻辑学的课上，周围坐的都是其他专业的同学，大家都不太熟悉。林子越听越觉得烦躁，看了一眼在旁边听课的女同学，她俩刚刚认识，一起拼了一杯奶茶。她笑着说："嘿，你听课这么认真，该不会是被老师的魅力吸引了吧？难道你是'大叔控'？"女生转过头，不解地看着林子："他是我爸爸。"说完皱着眉头转头听课，林子一脸尴尬。

彼此还不熟悉时，急于表达自己的观点，有时一句话就可能切断了所有的缘分。

这并非危言耸听。比如新认识一个朋友，你就问："都三十了，怎么还不结婚？"或者"你一个月赚多少？房子买在哪里？"这些问题你以为能拉近关系，但实际上，过度的热情和缺乏边界感，往往让人烦恼。

人与人的关系，从陌生到亲密，需要时间的积累。如果只是点头之交或工作伙伴，就应该把握交流的深度。交情不够深，却说话过于直接，不仅没有说服力，反而可能引起对方反感，甚至破坏了进一步交往的可能。

那些一开始就过于热情的人，往往难以维持长久的关系。

李霞最近跳槽了，当上了部门经理。她是个工作能力强，性格又好的女人，对新工作地点满怀期待。上班头一天，她就兴奋地跟朋友打电话，说自己在新公司碰到了一个老乡，两人聊得特投机，感觉像是老朋友一样。在职场混了这么多年，能找到个真心朋友可不容易，朋友们都替她高兴。

但是，好景不长，李霞的高兴劲儿很快就变成了烦恼。她开始对工作感到不安，甚至考虑要不要辞职。朋友问她怎么了，李霞气呼呼地说："我把他当朋友，聚餐的时候喝多了，跟他讲了一堆私事，包括我以前的经历，还说希望在新工作中能爱情事业双丰收。结果他倒好，把我的话在公司里到处说，还说我有野心，是来公司'搞关系'的，让男同事小心点。现在大家都用那种眼神看我，连领导对我都冷淡了。"

朋友们听了都沉默了，过了一会儿，有个朋友开口了："那老乡这么做确实不地道，但你也得负点责任。"

李霞一听，觉得挺委屈："我怎么就有责任了？我只是想和同事搞好关系。"

朋友叹了口气："你们才认识多久，你就把所有私事都告诉他，还指望他能保密？你就没想想，他可能会说出去，或者他可能有别的打算？"

后来，李霞慢慢发现，那个老乡其实一直想升职，但公司却选了她。他心里不平衡，就想着法儿要把李霞拖下水，而李霞的无心之言，正好给了他机会。

与人交往，要懂得适可而止。交情不够深时，不要急于分享过多个人信息，更不要过度揣测和评价别人。保持适当的距离和尊重，是建立长久关系的关键。

有的人急于在短时间内赢得信任，便掏心掏肺地说出所有秘密。然而，当你对一个人了解不深，却轻易展露心迹，这无异于把命运的钥匙交给了对方。因为你给出的不仅是真诚，也可能是将来别人用来伤害你的武器。

与人深交，得讲时机，讲条件。要是火候没到，就把心窝子里的话全掏出来，反而可能让关系原地踏步，甚至倒退。

想想看，那些稳如老狗的关系，可不是一两次掏心窝肺的谈话就能建成的。它们是在日常的小事里，一点一滴积累起来的，是在共同经历了风风雨雨后，慢慢加深的。

所以，在跟人打交道的时候，保持一点距离感是很有必要的。不管是朋友还是恋人，都得给彼此留点空间，去慢慢了解，慢慢建立信任。就像树木要长成参天大树，得花时间，人和人之间的感情也得慢慢来，不能急。

要是你一上来就交浅言深，可能反而会把关系淡薄了。反倒是适时的沉默和观察，能为将来的深谈打下基础。记住了，真正铁的关系，不是看你们话说得有多深，而是看你们能不能心贴心，能不能相互尊重。

交际攻略

与人交往，不必急于一时。真正的信任和深厚的关系，需要时间去培养，在交情尚浅时，保持适当的距离和尊重，是建立长久关系的智慧所在。

真话会让人尴尬，
看透别说透，继续做朋友

  语言的威力不容小觑，它既能鼓舞人心，赐予人无穷力量，也能轻易击碎人心，带来深重的伤痛。特别是那些伤人的话语，往往说者无心，听者有意，其造成的伤害往往难以估量。因此，那些聪明的女人，在说话时总是格外注意方式方法，她们会尽量以最温和、最善意的方式表达，哪怕有时需要借助谎言的力量。

  这便是"善意的谎言"。虽然说谎通常被视为不良习惯，但在人际交往中，很多时候真话并不方便直说，因为直言不讳可能会让人尴尬，甚至带来无尽的伤害。这时，如果从善意的角度出发，说一些无伤大雅的谎言，听者即便知道是谎言，也不会太过在意，反而会感激说话者的细腻与周到。

  然而，似乎有很多女人只顾着表达自己，却忘了语言的沟通作用。她们喜欢说真话，却常常把真话当作武器，挥舞着伤害身边的人。

王芳是一个聪明的女人，但说话却常常口无遮拦，给自己的生活带来了不少麻烦。她和男友相恋三年，感情逐渐转为依赖和支持。然而，她的一句话却让男友心灰意冷，选择了离开。她对男友说："我对你的感情已经淡了，现在和你在一起只是习惯而已。"

王芳的父亲爱喝酒，但年纪大了，有高血压，喝酒对健康有害。一次逛超市时，父亲看到一瓶好酒想多看几眼，王芳却直接说道："你都高血压了，还想着喝酒吗？不要命了？"她本意是为父亲好，但在公众场合这样一句话，让父亲下不了台，也伤害了彼此的感情。

类似的事情还有不少。一次，王芳参加同事儿子的周岁宴，大家都夸孩子可爱、乖巧，说同事好福气。然而，王芳却突然冒出一句："你家宝宝还不会说话啊！这么大的孩子还不会说话，不会是哑巴吧？"在场的人都愣住了，同事也生气地指责她不会说话。王芳却还坚持自己说的是实话，结果让气氛更加尴尬。

虽然事后证明孩子确实存在语言功能障碍，但从那次周岁宴后，那位同事再也没有和王芳说过话，平时也对她冷眼相待。

王芳说的都是真话、实话，也是出于好心。但是，如此直白的话说出来却让人难以接受，让人感到厌恶和反感。如果王芳能把握善意谎言的原则，把真话说得委婉一些，就可以既表达出自己的善意，又让人们坦然接受，何乐而不为呢？

和男友说："爱情需要保鲜，当它变成亲情时，我们会更加珍惜彼此。"和父亲说："您的身体不适合喝酒，再好的酒也和您无缘了。"和同事们说："孩子到了该说话的年龄了，你们有没有带孩子去做过体检？"

结果就会截然不同。

直接的话语，即便是真话，也往往难以接受。而若从善意出发，为了避免他人尴尬或痛苦而说些假话，结果会大不相同。语言是用来沟通情感、促进人际关系的，你可以表达自己，但更要确保与他人良好地沟通。只顾自己说得痛快，却惹怒了别人，关闭了沟通的大门，那说话就失去了最重要的意义。

语言就像一把双刃剑，使用不当就会伤人伤己。会交际的女人说话总是以对方的感受为出发点，真话也不会让人陷入尴尬或伤害感情。正因如此，她们才能建立良好的人际关系，处处受到人们的喜爱。

举个例子，当朋友因为误解而曲解了你的意思时，你不妨这样说："你的理解也有道理，不过我还想补充一下……"而不是直接指责对方脑子转得慢。又比如，作为医生，当你面对病情严重的病人时，你可以鼓励他们说："别担心，有病就治，按时吃药，保持乐观心态，多出去走走……"而不是残忍地告诉他们活不了多久了。再比如，当朋友热情款待你，而饭菜并不合你口味时，你可以委婉地说："你的手艺真好，色香味俱全。不过我今天胃口不太好，吃得少些。"

所以，亲爱的女人们，要么选择善意的谎言，要么选择善意地说出真话。只要你表现出人性中的美好与善良，就可以给自己和他人都带来温暖与美好。

交际攻略

人际交往中，真诚和善意重要，但方式方法同样重要。有时候，换个方式表达，既能传达出你的真诚，又不会让对方感到尴尬，这才是智慧的沟通之道。

你越在意自己，
别人越不在意你

《庄子·秋水》中有这样一个故事：鹓鶵是一种美丽的鸟，它飞得极高，羽翼华美。可当它因为自己太过耀眼，过于担心自己的羽毛受到伤害，飞行时变得小心翼翼，不敢自由翱翔，反而失去了本该拥有的轻盈与自在。如果太过在意自己，就会失去原本的魅力和自由。

在生活中，许多人也像那只鹓鶵一样，过分关注自己的表现、形象和别人的看法。这种过度的自我关注不仅让自己活得累，也让别人无法真正接近你。人们常常以为，如果更加努力地展示自己、强调自己的存在，就能赢得更多的关注和认可，但现实恰恰相反。

想象一下，在一场聚会中，你看到有人总是不断地检查自己的衣着、发型，甚至连一举一动都显得过于谨慎。这种人往往让人感到紧张，不敢轻易靠近。因为他们把所有的注意力都集中在自己身上，忽略了与他人的互动，而互动本应是社交的核心。

这种过度在意自己的人，常常会给别人一种距离感。就像在职场中，如果你总是担心自己的表现，害怕出错，往往会显得拘谨，无法充分发挥自己的能力。长此以往，领导和同事可能会觉得你不够自信、不够可靠，从而影响到你的发展。

麦冬和秦小美是两个性格迥异的大学生，一同来到一家公司实习。麦冬活泼开朗，很快就和办公室的同事们打成一片，一口一个"李姐""王哥"，叫得亲热。同事们一开始也挺喜欢她，觉得她是个热情的好姑娘。

但好景不长，麦冬的自我中心慢慢显露出来。她总是喜欢把话题绕回自己身上，比如："我大学那会儿……"或者"我觉得应该这样……"。她不太顾及别人的感受，比如自己怕冷，就坚持不让开空调，订餐时也只点自己喜欢的。

有一天，办公室里，麦冬又在滔滔不绝地讲述自己的故事，一位同事想插话谈谈自己的看法，却被麦冬不自觉地打断："哎呀，等一下，让我先说完我那个趣事……"

秦小美呢，她比较内向，刚来公司时不太说话，只是礼貌地向大家打了招呼，就安静地做自己的事。但随着时间推移，同事们发现秦小美其实是个非常细心和体贴的人。她会在订餐时询问每个人的饮食喜好和忌口，确保每个人都能吃到满意的食物。

有一回，一位同事因为牙疼上火，秦小美注意到了，第二天就带来了自己煮的凉茶："我听说你牙疼，特意为你煮了点凉茶，试试看能不能缓解一下。"

还有一次，一位同事无意中提到想为孩子找个沙画培训班，秦小美记在了心上。她利用自己的关系，不仅打听到了一个好机构，还帮同事争取到了折扣："我亲戚在那家培训机构工作，我帮你问了问，这是他们的联系方式和一些优惠信息。"

秦小美的这些小举动，让同事们感到被尊重和重视，大家也越来越喜欢她。相比之下，麦冬的自我中心让大家逐渐疏远了她。

人际关系中，不是看你话说得有多溜，而是看你心里有没有装着别人。真正让人喜欢的人，是那些懂得体贴和尊重他人的人。麦冬和秦小美的经历，就像一面镜子，映照出每个人在人际交往中的影子。

另一方面，那些不那么在意自己的人，反而更容易与人建立起深厚的关系。比如，在一次团队讨论中，如果你不再过度担心自己是否会说错话，而是专注于如何提出有价值的建议，关注团队的需求，你的意见不仅更容易被采纳，也会让别人觉得你是一个值得信赖的人。

弗洛伊德讲过，人这辈子追的东西其实就两样：性的需求，还有那种被当作重要人物看待的感觉。说白了，每个人心里都住着一个觉得自己挺重要的小宇宙。这不光是你我，这是人之常情。在人堆儿里，大家都想着自己能被当回事，能得到别人的看重。

要是你能看透这点，给别人他们想要的那份重视，那你立马就能赢得他们的好感和支持。但反过来，如果你眼里只有自个儿，只想显摆自己多牛，别人的存在感被你弄得稀碎，那人家心里能舒服吗？不舒服，自然就不待见你了。

换句话说，人与人之间的重视和支持是相互的。你在乎别人，别人自然也会在乎你；你眼里只有自己，那别人眼里也就不会有你。

别太拿自己当回事，别啥事都以自我为中心。在人际交往中，多关注别人，多在意别人，多给人家点支持和理解，说点人家爱听的，关心人家，支持人家。人家高兴了，满足了，你这沟通也就高效了，自己心里也舒坦，何乐而不为呢？

交际攻略

当你学会更多地关注他人，关注周围的世界，你会发现，生活变得更加轻松，而你也会被更多的人所接受和喜爱。

经常孤立别人的人，
终将被众人所孤立

在电视剧《欢乐颂》中，樊胜美在工作和生活中，习惯性地将同事和朋友推远，总觉得自己可以独自应对一切。然而，当真正遇到困难时，她发现自己身边几乎没有可以依靠的朋友。她的孤立行为让她在关键时刻变得孤立无援，这正应验了那句古话："得道多助，失道寡助。"

人际关系中，有些人习惯于孤立他人，以为这样可以保护自己或显示自己的独立。然而，这种行为往往适得其反。经常孤立别人的人，实际上是在为自己挖掘一道孤独的深渊。或许他们一开始会觉得这样做可以减少麻烦，但长期下来，孤立的结果就是让自己陷入无尽的孤单之中。

在工作环境中，尤其容易看到这样的现象。一个人如果总是冷漠对待同事，不愿意参与团队活动，也不愿意在他人需要帮助时伸出援手，那么渐渐地，团队也会对他产生排斥。当有重要项目需要合作时，他可能发现自己被排除在外，没人愿意与他共事。这样的人，最终会在职业生涯中逐渐被边缘化，甚至失去重要的机会。

肖玲玲是一位刚入职不久的设计师，她性格内向，不太喜欢与同事交流，总觉得自己一个人能完成所有工作，没必要依赖别人，因此，她习惯在团队活动中保持距离，独自处理手头的任务。

一天，公司接到一个重要的广告项目，要求设计部门与文案部门紧密合作。项目经理老李把肖玲玲和文案组的负责人阿健安排在一起，希望他们能共同完成这个任务。

"阿健，你来负责这次的文案，肖玲玲，你负责视觉设计，你们两个要多沟通，争取尽快拿出方案。"老李在早会上安排道。

阿健点点头，笑着对肖玲玲说："肖玲玲，设计方面有什么想法，咱们多交流啊，毕竟广告的整体效果还是得看咱们俩的配合。"

肖玲玲淡淡一笑，点了点头，但心里却觉得不需要太多交流，自己设计好视觉部分就行了。于是她回到座位上，默默开始自己的工作。

几天后，阿健找到肖玲玲，问她设计进展如何。

"肖玲玲，设计稿做得怎么样了？我这边的文案部分差不多了，咱们需要协调一下，看看整体效果。"

肖玲玲抬头看了看阿健，有些不耐烦地说："我设计的部分差不多了，等我全部做完再给你看吧，你先做你的部分就行。"

阿健笑了笑，说："好吧，那我等你设计稿出来后再调整文案。"

过了几天，肖玲玲把设计稿递给了阿健。阿健仔细看了一遍，皱了皱眉头。

"肖玲玲，这个设计和我之前写的文案有些不太搭配，尤其是配色和排版，可能需要调整一下。"阿健尝试着和肖玲玲沟通。

"配色和排版是设计师的事，你就按这个做文案调整吧。"肖玲玲有些不耐烦地回道。

阿健叹了口气，没有多说什么，回到座位上开始修改文案。最终的成品出来后，老李看了看，不是很满意。

"这个整体效果不太好，文案和设计的风格不搭，客户可能会不满意。你们两个是不是沟通得不够多？"老李皱着眉头问。

肖玲玲低下头，没有说话。阿健也没有多说什么，只是点了点头。

几天后，客户果然对成品不太满意，要求重新调整。老李有些生气，把肖玲玲和阿健叫到办公室。

"你们俩要是再这样各自为政，整个项目都会受影响。尤其是肖玲玲，你得明白，设计不是单打独斗的事情，必须和文案、策划紧密合作。"

肖玲玲终于意识到，自己的孤立行为让整个团队受到了影响。她看了看阿健，有些歉意地说："阿健，之前是我不好，没有好好沟通。我们一起重新调整吧，我这次会多听你的意见。"

阿健笑了笑，说："没事，咱们一起努力，把项目做好。"

之后，肖玲玲开始主动与阿健沟通，逐渐打开了自己的心扉。两人一起修改设计稿和文案，终于完成了一个让客户满意的作品。

在职场中，孤立别人最终只会孤立自己。团队合作是成功的关键，只有敞开心扉，才能在工作中取得更好的成绩。生活也是这样，如果一个人对朋友的聚会漠不关心，或是经常不顾他人感受地独断专行，久而久之，朋友们会慢慢减少对他的邀请，甚至开始远离他。这种孤立行为其实是在用冷漠和自私逐渐削减自己的人际关系网。当真正需要帮助的时候，这个人往往会发现自己孤身一人，找不到可以依靠的肩膀。

"人心换人心，四两换半斤。"如果一个人总是孤立他人，那么终有一天，他自己也会被他人所孤立。因为人际关系的基础是相互的理解与支持，任何一方的冷漠都会削弱这种关系的稳固性。孤立他人不仅仅是在损害他人感情，更是在切断自己与世界的联系。

与其把自己封闭在一座孤独的堡垒中，不如尝试敞开心扉，与他人建立积极的关系。因为真正的幸福和安全感来自与他人的连接，而不是独自一人孤军奋战。

交际攻略

孤立别人，只会让自己成为那个被孤立的人。而真正的力量，不在于独自站立，而在于与他人紧密相连，共同面对生活中的挑战。这是每个人在生活中都应该铭记的道理。

即便对人不满，
嘴巴也不能太损，否则会吃大亏

在人生的旅途中，每个女人都会遇到让自己不如意的人和事，无论是职场上的搭档，还是生活里的朋友，甚至是亲密无间的家人。当这些不满情绪逐渐累积，人们往往难以控制自己的言辞，冲动之下说出些尖酸刻薄的话。然而，言语一旦脱口而出，其后果往往超乎想象。

常言道："祸从口出"，不慎重的言语往往会招致意想不到的麻烦。即使对某人某事感到极度不满，也必须学会控制自己的言辞，否则一时的冲动可能会让你付出沉重的代价。

赵姐是位资深的项目经理，她业务能力出众，对自我和团队的要求也异常严格。最近，公司接手了一个紧急的大项目，时间紧迫，每个人都忙得不可开交。

这天，赵姐收到了王喜提交的设计稿，本以为会是一次顺利的审核，没想到打开一看，错误连篇，且都是十分低级的错误。

怒火中烧的赵姐直接冲到王喜的工位前，将文件重重摔在桌上："王喜，你这是交的什么？这么多错误你都没发现吗？你知道这会给项目带来多大的麻烦吗？你还想不想继续干下去了？"

王喜被这突如其来的责骂吓得愣住了，她结结巴巴地解释道："我……我知道我错了，但我真的尽力了，可能……可能是最近太累了。"

然而，赵姐并不听解释，她打断了王喜："别找借口了！你这是在浪费大家的时间。赶紧重新做，别让我再看到这些破烂玩意儿！"

周围的同事都听到了这番激烈的争执，办公室的气氛瞬间降至冰点。王喜低着头，默默地回到座位上，心中既气愤又难过。

项目还得继续推进，但团队的合作已经不像之前那样顺畅了。王喜虽然还在配合工作，但内心对赵姐的不满和怨气已经累积到了极点。其他同事也感受到了巨大的压力，生怕自己成为赵姐下一个发泄的对象。

最终，项目虽然勉强按时完成，但成果并未达到预期。客户对设计稿的评价并不高，团队的士气也因为赵姐的过激言辞而受到了严重影响。

项目结束后，赵姐在总结会上深刻反思了自己的行为。她意识到，自己的言辞不仅伤害了王喜，还破坏了整个团队的合作氛围。她明白了，即使再不满，也不能用如此伤人的话去责备同事。她决定以后要更加注意自己的言行举止，特别是在表达不满时，要多考虑他人的感受。

于是，赵姐走到王喜身边，诚恳地道歉："王喜，我之前的话可能说得太重了，我向你道歉。我们都在巨大的压力下工作，应该互相支持、互相理解，而不是互相指责。"

王喜抬头看了看赵姐，点了点头说道："我知道大家都不容易，以后我们多沟通、多协作，共同面对问题。"

这次经历让赵姐深刻体会到，在团队中，尊重和理解同事、用恰当的方式表达不满对于维护团队和谐与提高工作效率至关重要。而这次教训也将成为她职业生涯中宝贵的一课。

同样地，在家庭或朋友之间，过于尖刻的言辞更容易伤害彼此的感情。也许你对家人的某个行为感到不满，但如果直接说出让对方难堪的话，虽然一时解气，后果却可能是长期的关系破裂。你可能会发现，原本亲密无间的关系因为一时的口不择言而变得疏远，甚至再也无法恢复如初。

有人说："说话是一门艺术。"这确实不假。在表达不满时，可以选择更为温和、委婉的方式，既能表达自己的想法和观点，又不至于伤害他人。

比如，在对同事表达不满时，可以通过具体的例子来说明问题所在，而不是直接攻击对方的人格和尊严；在家庭中面对让人不悦的事情时，不妨先冷静下来，再用心平气和的方式与家人沟通。

再者说，很多时候尖刻的言辞不仅会影响人与人之间的关系，还可能反过来对自己造成伤害。人际关系是相互的，你今天说了过分的话，明天也可能遭到同样的回报。

因此，无论面对什么样的不满和情绪，都要时刻提醒自己：嘴巴不能太损。保持一份言辞上的克制和谨慎，不仅是对他人的尊重和理解，也是对自己的保护和爱护。

正如老话所说："忍一时风平浪静，退一步海阔天空。"在很多时候，克制自己的言语和情绪反而能让你在复杂的人际关系中游刃有余、从容不迫。最终你会发现，这种做法不仅避免了许多麻烦和纷争，还为自己赢得了更多的尊重和机会。

交际攻略

> 善于控制自己言辞的人，往往也是一个善于掌控自己命运的人。因为他们懂得，言语不仅仅是情感的宣泄，更是一种力量的体现。而这种力量，既可以是建设性的，也可能是破坏性的。

耍心机，玩套路，
看似精明，实则愚蠢

女人的魅力，往往源自内心深处的善良与温柔，那是一种能够体贴入微、为他人着想的美好品质。在生活中，那些不斤斤计较、不心胸狭窄的女人，总是能够赢得周围人的喜爱，内心也保持着一份难得的平和。

然而，总有些女人精于算计，想在各种场合占尽便宜。她们或许外表光鲜，但骨子里却透着市侩气息；她们或许能力出众，但内心深处却自私自利。她们总觉得自己应该得到更多，却从不考虑自己的行为是否会损害他人利益。或许，她们不知道，虽然靠小聪明、小手腕能暂时获得一些利益，但长此以往，会失去他人对自己的尊重和信任，最终成为不受欢迎的人。

真正的智慧，并非耍心机、玩套路，而是真诚、宽容和大度。这些品质可能不会立刻带来利益，但它们能够赢得人心，建立起长久的人际关系。而那些看似精明的行为，实则是短视和愚蠢的。

李薇是个头脑灵活的女人，但她的聪明却总用在了算计别人上。在公司里，她以"不吃亏"而闻名。每天上下班，她都掐着时间点，绝不多待一分钟，加班对她来说更是遥不可及的事情。

有一次，老板临时给她安排了一个紧急任务，要求她加班完成。李薇一听要加班，立刻抱怨起来："又没加班费，我凭什么加班啊？"她嘟囔着，"真是太过分了，又得晚回家了。老板每次都这样，专门挑下班前布置任务，我这不是明摆着吃亏吗？"

在与同事相处时，李薇也总是小心翼翼，生怕自己吃亏。每当同事请她帮忙时，她总是找借口推脱："哎呀，这个我真不行。"或者，"我手头还有事，下次再说吧。"明明她有能力帮忙，却总是装作一副无能为力的样子。

有一次，公司安排她和一个同事小张合作一个项目。李薇做事总是拖拖拉拉，生怕自己做多了，别人就占了便宜。小张是个实在人，看在眼里，急在心上："李薇，咱们这个项目时间紧，任务重，你能不能抓紧点？"

李薇却满不在乎地说："着什么急啊，时间还早呢。再说了，做得多错得多，咱们慢慢来。"

小张无奈地摇摇头："你这样拖拖拉拉的，最后还不是得一起加班？"

李薇却有自己的小算盘："加班？那也得看情况。我可不会白白给老板加班。"

结果，项目进度一拖再拖，最后不得不整个团队一起加班赶工。其他同事对李薇的不满也越来越多。

直到项目总结会上，老板点名批评了李薇："我们都知道你聪明，但你不能总是想着自己。团队合作需要的是互相支持，而不是互相拆台。"

李薇被说得哑口无言，她这才意识到自己的小聪明不仅影响了团队的合作，也损害了自己的形象。

"聪明反被聪明误"，要心机虽然在短期内看似能占到便宜，但从长远来看，往往自作聪明，最终会害了自己。

首先，耍心机和玩套路的人容易失去他人的信任。如果一个人总是以自我为中心，用各种手段谋取私利，身边的人很快就会察觉到。即使他暂时取得了一些成功，但一旦信任被打破，后果将是灾难性的。

其次，玩套路的人往往会陷入自己设下的陷阱。耍心机需要大量的精力去策划和维持，当一个人沉迷于这些手段时，他的思维会被局限在短期利益上，忽略了长远发展，最终被自己设下的套路所束缚。

最后，要以诚待人，追求长期共赢。正如孔子所言："君子坦荡荡，小人长戚戚。"与其耍心机，不如用心去经营真实而稳固的关系。诚实、正直和透明才是一个人最大的资本，只有这样，才能获得持久的成功。

真正的聪明是懂得在生活和工作中保持诚实和正直，与他人建立信任与合作的关系。那些以为可以通过心机和套路获得成功的人，终将发现他们所谓的精明不过是自欺欺人，最终将自己推向失败的深渊。

交际攻略

与其耍心机、玩套路，不如踏踏实实做人，真诚对待他人。这样不仅能赢得他人的尊重，也能让自己的人生之路更加宽广。

微信扫码
❶ AI贴心闺蜜
❷ 成长必修课
❸ 情商进阶营
❹ 幸福研讨室